서예 인생사

서예 인생사

초판발행 2022년 8월 5일

지은이 김영자
펴낸이 신지원
펴낸곳 소소담담
등 록 2015년 10월 7일(제2017-000017호)
주 소 대구광역시 북구 호국로43길 7-19
전 화 053-953-2112

ISBN 979-11-88323-88-3(03810)
ⓒ 김영자 2022

* 저자와 출판사의 사전 동의 없는 무단 전재 및 복제를 금합니다.

서예 인생사

김영자 지음

소소
담담

• 작가의 말

내 인생을 서예와 함께

 손자가 "할머니, 생일 축하드려요"라며 전화를 했습니다. 전화를 받고 내 나이를 새겨 보니 어느새 칠십 대 중반으로 접어들고 있었습니다.
 인생의 남은 날은 한 줌도 안 될 터인데, 지난날은 길고 긴 강줄기를 이루면서 지금까지 쉬지 않고 흘러왔습니다. 기억 속 물줄기에는 나의 온갖 발자취가 여기저기 흔적을 남겼고, 그 흔적은 세월과 더불어 인생사를 만들어 왔습니다. 그 인생사 곳곳에는 서예와 관계되는 일이 자리를 차지하고 있는 것 같습니다. 서예가 그만큼 나에게 소중한 것이었고 삶의 의미를 확장해 주는 원동력으로 작용했기 때문일 것입니다.
 걸어온 길을 뒤돌아보니 그 세월이 기억과 망각 사이를 넘나들면서 가물가물하게 느껴집니다. 지나온 수많은 날들이 내 삶을 만들었고, 나는 그 삶을 기록하여 인생사로 남기고 싶었습니다. 그래서 화려하게 빛나지는 않지만, 내 인생의 큰 줄기였던 서예로 인생 이야기를 엮어봅니다. 책 제목을 '서예 인생사'로 정한 까닭도 여기에 있습니다.

  이 책이 만들어질 수 있도록 지금까지 많은 도움을 준 우리 가족에게 감사한 마음입니다. 내 생일을 축하해 준 손자 손녀들이 이 책을 통해 할머니를 오래도록 기억해 주었으면 좋겠습니다.

2022년 7월도 저물어 가는 날
담미헌에서
설강 김 영 자

• 차례

작가의 말 _04

1부

그림 대신 선택한 서예의 길 _13
왕철 선생을 찾아가다 _18
1988년부터 _22
초정서실을 찾아가다 _26
예서 바람이 불었다 _31
예천의 초정 생가 _35
다시 서울로 _38
계명대 서예전공 대학원에 진학하다 _42
국전, 하느냐 마느냐 _46
현대 서예에 관심을 가지고 _50
대학원 졸업 전시회 _54

2부

담미헌 일기 _63

행·초서를 공부하면서 _69

조형미를 찾아서 _73

대형 작품에 도전하다 _76

경북대학교 평생교육원 서예 강사가 되다 _81

글자의 배경에 대해서 _87

또 하나의 시도, 압화 배면 _91

배지도 작품의 요소이다 _95

새로운 문자로 실험을 해보면서 _99

대형 작품고考 _103

장식성이 강한 작품 _107

3부

서각 전시장에서 _113

민화에 빠져서 _118

박생광 회화를 만나다 _123

대구 중견 여성 작가 5인전 _127

백악 갤러리 전시회를 하면서 _132

국전과 나 _138

중국 서예를 보면서 _144

작품 출품을 의뢰받다 _149

루브르박물관에서 전시회를 하다 _153

2000년대의 10년 간 _158

4부

2009년, 백악 갤러리 전시회 _165

대학파 서예전 _169

서예 인생의 갈림길이 된 전시회 _174

시중유화詩中有畵에 착안하여 _178

서각을 화면 가운데에 _182

민화를 나의 작품에 _186

서예와 서각, 민화를 조합하다 _190

춘강화월야春江花月夜 _194

화려한 색상이 마음을 끄네 _198

그림을 목각하다 _201

5부

뒤돌아보니 _207

매년 전시회를 가지다 _211

가나아트센터에서 전시회를 가지다 _217

담미헌을 김광석 거리로 옮기다 _223

다시 국전과 인연을 맺다 _228

이런 저런 생각들 _233

서예보다 내 인생이 더 소중하다 _237

도록 전시회 _241

사찰 주련을 만들다 _246

세월이 온다 _250

1부

그림 대신 선택한 서예의 길

열여섯 번째 개인전을 준비하면서 서예계에 몸을 담았던 지난날들이 떠올랐습니다. 뿐만 아니라 서예를 본격적으로 시작하지 않았던 더 먼 옛날 일도 생각이 났습니다. 어린 시절에 경험하였던 일들이 내 삶과 서예에 영향을 주었다는 것이 신기합니다. 그래서 이번에 내 지나온 삶의 여정을 되짚어 보기로 하였습니다.

나는 영천시에서 태어났습니다. 초등학교 교사로 계시던 아버지와 시부모님을 모시고 남편 뒷바라지만 하였던 전형적인 한국의 어머니를 부모로 태어났습니다. 집에서 20리쯤 떨어진 임고면 평천리에는 할아버지와 할머니가 농사를 지으면서 살았습니다. 어머니를 따라 20리 시골길을 걸어서 할아버지 집을 찾아갔던 일도 많이 생각납니다.

영천 읍내의 우리 집 옆에는 영천성당이 있었습니다. 성당에서는 읍내의 아이들을 모아서 유치원 교실을 운영하였습니다. 그곳에 가면 아이들과 어울려 노는 것이 재미있었습니다. 크레용으로 색칠하기와 그림 그리기를 배웠습니다. 색칠하기는 그 무엇보다 재미가 있었습니다. 아마도 그때 색에 대한 친밀감이 생겼나 봅니다. 그림에 대한 호감 때문에 중학교, 고등학교에 다닐 때는 사뭇 미술반에서 활동하였습니다.

영천성당에서 그림을 그리던 어릴 때의 기억이 선명합니다. 성당 아래로는 금호강이 흘렀습니다. 강 너머로는 푸른 들녘이 펼쳐지는데, 그냥 아름다운 색상의 이미지로 남아 있습니다. 지금도 성당 앞을 지나칠 때면 어린이날이 떠오르고, 어린 눈에 궁궐처럼 보이던 붉은 벽돌의 성당을 한참 바라봅니다.

기억을 더듬어보면 아버지는 가끔 붓을 잡았습니다. 그때는 어른들이 서예라기보다 교양 내지 수신의 방법으로 붓글씨를 쓰신 듯합니다. 이것도 내가 서예를 하게 된 밑거름이 되었습니다. 고3 때 미술반에서 같이 그림을 그렸던 친구가 미대로 진학하였습니다. 나도 미대로 진학하고 싶었지만 집안 사정상 화가의 꿈을 포기했습니다. 대신 경북대학교 사범대 가정과로 진학했습니다. 미술반에서 같이 공부한 친구는 서울 미대로 진학하여 나중에 유명한 화가, 교수가 되었습니다.

사범대학을 다니면서도 그림에 대한 미련은 지워지지 않았습니다. 그림 대신 나는 서예가 도이석 선생님을 찾아갔습니다. 그때만 해도 서예를 정식으로 공부하기보다는 교양으로 배우고 싶었습니다. 이 일이 본격적으로 서예계에 입문하게 된 시발점이 아닌가 싶습니다. 그렇다고 서예에 내 인생을 바치겠다고 생각하지는 않았습니다. 아마 미술에 대한 미련을 서예로 달래려는 차선의 선택이 아니었나 싶습니다.

대학을 졸업하고 교직 생활을 하면서 잠시 붓에서 멀어졌습니다. 그렇다고 붓을 완전히 놓아버린 것은 아니었습니다. 그리고 지금의 남편을 만나서 결혼을 했습니다. 주부로서 집안일을 하고 삼남매나 되는 아이들을 거두고, 남편 뒷바라지까지 하려니 하루하루가 바빠서 붓을 놓고 살았습니다. 1980년대에 들어서자 구미에서 개원한 남편의 생업도 안정되었고, 아이들도 어느 정도 자라서 내 손길이 덜 가도 되는 나이가 되었습니다. 하루 중 나를 위해 쓸 수 있는 자투리 시간이 생겼습니다. 불현듯 그림을 그려보고 싶어서 미술학원을 찾아갔더니 성인은 지도하지 않는다고 했습니다.

그림 공부는 포기하고 대신 지인의 소개로 대구의 왕철 이동규 선생님을 찾아갔습니다. 왕철 선생님 문하에서 정식으로 서예 공부를 시작하였습니다. 왕철 선생은 교직에 계시면서 오로지 붓글씨만 쓰셨고, 서예계의 계보에는 관심이 없었습니다. 완고한 태도로 오로지 글만 쓰시는 분이었습니다. 구성궁체를 주로 쓰시면서 몇 권의 서예 교본도 발간하셨습니다. 그때 구성궁체를 격식에 맞게 배운 것이 지금까지도 몸에 배어 서예 인생 50년의 바탕이 되었습니다.

선생님의 지도로 쓴 작품이 1988년 대구미전 서예전에서 특선을 하였습니다. 이 특선으로 나는 내 인생을 서예로 가꾸어야겠다는 다짐을 하

於是斷彫爲樸損之又損去其泰甚
葺其頽壞雜丹堊以沙礫間粉壁以
塗泥玉砌接於土階茅茨續於瓊室
仰觀壯麗可作鑒於既往俯察卑儉
足垂訓於後昆 節臨九成宮 金英子

節臨九成宮 _ 70*200cm

였습니다. 오랜 세월이 지났지만 그 시절을 자주 떠올립니다. 왕철 선생님 문하에서 보낸 시간은 내 서예 인생에 커다란 영향을 끼쳤습니다. 나는 대구가 아닌 서울에도 진출하고 싶었습니다. 그러나 스승인 왕철 선생님은 서예계의 흐름이나 계보와는 무관하게 자기만의 세계를 가지면 된다고 주장하셨습니다. 하루 강아지 범 무서운 줄 모르던 시절이었습니다. 세상에는 내 생각과는 다른 세계가 있다는 것을 몰랐습니다.

  서울의 서예계와 줄을 닿고 싶었던 내 욕망이 초정 선생을 찾아가게 하였습니다. 초정서실을 거의 15여 년이나 다니면서 서예의 많은 것을 배웠습니다. 왕철 선생과는 다른 방법으로 서예의 기초를 섭렵하였습니다. 전통 서예의 기초를 다듬어 주신 스승을 꼽으라면 왕철 선생과 초정 선생입니다. 훗날 계명대학교 서예 대학원에 진학하고 나서는 근원 김양동 선생의 세계를 접했고, 많은 영향을 받았습니다.

이제부터 제 작품을 살펴보면서 서예 인생사를 되돌아보겠습니다.

왕철 선생을 찾아가다

　왕철 선생을 찾아가서 전통 서예를 정식으로 배운 때가 1980년대 중반 무렵이었습니다. 이때부터 나의 서예 인생을 시작했다고 해도 과언이 아닙니다. 이전에도 붓을 잡기는 하였지만 엄격한 도제제도 안에서 사제 관계를 만들면서 서예를 배운 것은 아니었습니다.
　왕철 선생은 대구에서 해서 구성궁체의 대가입니다. 나는 그분의 명성을 듣고 문하생이 되겠다고 찾아간 것은 아니었습니다. 또 서예 공부를 어떻게 하겠다는 계획을 세우고 찾아간 것도 아니었습니다. 서예를 하시는 가까운 지인에게 나도 서예를 정식으로 배우고 싶다고 하니 소개해주신 분이 왕철 선생이었습니다. 처음 찾아뵈었을 때 인상은 꼿꼿하신 선비와 같았습니다. 태어나신 곳도 선비골인 경북 의성이었고 언행도 절도가 있었습니다.

　해서는 법첩대로 글을 써야 하기에 익히기가 까다롭다고 하였습니다. 그중에서도 구성궁체가 제일 까다롭다고 하였습니다. 내가 정식으로 서예를 배우기 시작하면서 처음 받은 체본體本이 구성궁체였습니다. 체본 갖고 와서 일주일 내내 임서臨書를 하였습니다. 선생님의 체본 글씨와 닮으면 닮을수록 글자 쓰기의 숙련도가 향상된다고 믿었습니다. 그래서 열심히 연습했습니다.

　지금 생각해보면 스승의 글씨를 따라 쓰는 방식은 서법 이론에 의한 공부일 수는 있겠지만, 회의가 듭니다. 서예가 예술이라면 스승의 글씨를 모방하기보다 자신만의 창작으로 가야 한다는 생각 탓입니다. 일주일을 연습하여 쓴 글을 갖고 가면 선생님은

節臨九成宮 _ 70*200cm

'여자인데도 필획이 힘이 있다'며 칭찬해 주었습니다. 칭찬의 말씀에 기분이 좋았지만 무슨 뜻인지는 몰랐습니다.

해서도 여러 체가 있다고 하였습니다. 해서 중에서도 구성궁체가 법첩이 제일 까다로워서 서예를 배우는 사람이 꺼린다고 하였습니다. 나는 붓을 쥐기는 오래였지만 서예 이론을 체계적으로 배운 적이 없었습니다. 선생님께 서예 이론을 들으면서 많은 깨우침이 있었고, 나의 서예도 한 단계 발전한 듯이 느껴졌습니다.

나보다 먼저 왕철 선생의 문하에서 글씨를 배우는 선배들이 많았습니다. 남자들이 여성보다 훨씬 많았습니다. 선배들 앞에서 내 글씨를 두고 선생님이 '글씨가 힘이 있다'라며 칭찬해 주어서 송구하기도 했습니다. 선배들도 나를 따뜻하게 대해주었습니다. 그러다 왕철 선생님이 돌아가시고 제자들이 모여서 '연락회'라는 모임을 만들어 선생의 서예 세계를 기렸습니다. 초기 회원이던 선배들도 많이 타계하시고 연락회도 몇 사람만 남아서 명맥을 유지하고 있습니다.

1988년 무렵입니다. 대구미협에서 대구시전(현. 대구미술대전)을 해마다 개최하였습니다. 미술의 한 장르로서 서예 작품을 공모하였는데 내게 입·특선의 영예를 안겨주었습니다. 나는 그런 공모전이 있는 줄도 몰랐고, 작품을 출품할 생각은 꿈에도 하지 않았습니다. 그 공모전은 서울의 한국미협이 주최하는 국전의 지방전과도 같았습니다. 입·특선을 하면 서예인에게는 영예로운 일인 동시에 경력이 된다고 하였습니다. 대구시전의 입·특선도 대단히 영예로운 일이었으므로 서예인 사이에 경쟁이

심하다는 것도 알았습니다.

　왕철 선생께서 저더러 작품을 출품해보라며 체본을 써 주었습니다. 긴가민가하면서도 열심히 연습하여 작품을 보냈습니다. 대구시전에서 나의 구성궁체 작품이 특선을 했다는 연락이 왔습니다. 꿈인지 생시인지 믿어지지 않았습니다. 이 일은 나의 서예 인생에서 하나의 사건이었습니다. 내가 서예에 소질이 있구나, 내가 서예를 잘하는구나, 라는 잘못된 믿음을 가지게 하였습니다. 그 잘못된 믿음에 속아서 지금까지 서예를 하고 있다고 생각하면 나쁜 일만은 아닌 듯도 합니다.

　이 일로 공모전에 관심을 가지고 한동안 공모전을 쫓아다녔습니다. 그러나 세월이 흐르면서 공모전은 내가 생각한 것과는 많이 다르다는 사실을 알게 되었습니다. 서예계도 사람들이 모여 있는 인간사회라는 것을 알았습니다. 이리저리 엉켜있는 인간사회의 이면들이 적나라하게 드러나는 곳이라는 것도 알았습니다. 나도 서예계에서 일렁이는 파도에 이리저리 떠밀리면서 시달렸습니다. 그러나 나만의 세계를 꿈꾸며 나름대로 나의 길을 모색하여 오늘에 이르렀다고 생각합니다.

1988년부터

　1988년에는 몇 가지 좋은 일들이 있었습니다. 대구미술대전의 특선은 내가 서예를 제법 잘한다는 생각을 가지도록 하였습니다. 그해에 연이어서 도연명의 시로 경북미술대전에서도 특선을 하였습니다. 이로써 나는 나의 서예가 특선을 할 만큼 성숙하였다는 헛된 믿음을 가지게 되었습니다. 헛된 생각이었지만, 서예계에 오랫동안 머물도록 하는 계기도 되었습니다. 그래서 1988년은 나에게 의미 있는 해입니다.

　이러한 자만심은 그 이듬해에 여지없이 무너져 버렸습니다. 1989년에도 대구미술대전에 작품을 출품하였지만, 입선은커녕 낙선을 하였습니다. 그제야 나는 작품의 심사에 대하여 의심을 가졌습니다. 나의 서예가 지난해보다 더 성숙했다고 생각했는데 낙선이라니 어이가 없었습니다.

특선과 낙선의 기준이 무엇인지 도저히 납득할 수 없었습니다. 그 전 해에 특선을 하고 일 년이나 더 갈고 다듬은 작품이 낙선을 하다니요. 특선과 낙선을 가르는 기준을 내가 가진 상식으로는 도저히 이해할 수가 없었습니다.

잘 아는 서예계의 원로께서 내 불평을 듣더니 조심스럽게 언질을 주었습니다. "1988년의 대구시전은 왕철 선생이 운영 위원장이었고, 금년에는 설강 선생과 연고가 있는 운영위원이나 심사위원이 없었겠지." 그 말이 무슨 뜻인지를 알아듣는 순간 얼굴이 화끈거렸습니다. 특선과 낙선을 가르는 기준이 무엇인지 어렴풋이 이해되었습니다. 내게 귀띔해주신 원로는 불평을 늘어놓는 나를 얼마나 어리석게 여겼을까 생각하니 얼굴이 화끈거렸습니다.

서예계의 바닥을 조금씩 알게 되었고, 특선과 낙선을 가르는 기준도 다양하다는 것을 알았습니다. 공모전에 꿈을 가진 서예인들이 다양한 기준의 줄을 잡으려 여기저기 눈치를 본다는 사실도 깨달았습니다. 나는 줄을 잡는 데는 재주가 없었습니다. 서예 인생을 뒤돌아보면 나도 공모전에 미련을 가지고 있었습니다. 그러나 공모전에서 실패를 거듭하였으니 줄을 잡을 줄 모르는 아둔함이 한몫을 한 것 같습니다.

1990년에는 대구미술대전과 경북미술대전에서 모두 특선을 하였습니다. 1991년에도 특선을 하였습니다. 뿐만 아니라 대구·경북에서는 상당히 권위가 있는 신라미술대전에서도 특선을 하였습니다. 특선을 연이어서 하고 또 추천작가가 되었지만 기억에 남는 일은 거의 없습니다. 아마도 상에 대하여 놀라지 않을 만큼 단련이 되었다고 해야겠지요. 어쨌든 수상을 했으니 운도 좋았습니다. 왕철 선생님께 서예를 배우러 다닌 지도 10년이나 되었고, 서울의 초정서실에도 나가 열심히 했습니다. 연줄만이 아니고 나의 서예 실력도 좋아진 결과가 아닐까, 라는 생각도 했습니다.

서울의 국전에도 도전하고 싶어 욕심을 가지고 작품을 출품하였습니다. 그러나 국전은 역시 벽이 두꺼웠습니다. 다양한 심사 기준을 맞추고 당선의 문을 열어줄 열쇠를 찾지 못하였습니다. 적극적이지 못한 내 성격도 영향을 주었으리라고 생각합니다. 그때는 이상하게도 대구 출신 작가는 국전에 출품을 해도 입·특선을 하거나 추천작가로 선발되는 사람이 극소수였습니다. 이런 사실도 서예계의 역학 관계 때문이라는 것을 몰랐습니다.

그러던 중 그림을 좋아하는 남편과 친분이 있던 학고재 우 사장님 소개로 초정 권창륜 선생을 찾아가 문하생이 되었습니다. KTX가 없던 시절이라 무궁화호 기차와 고속버스를 타고 한 달에 두 번씩 대구에서 서울에 오갔습니다. 거의 15여 년이나 다녔습니다. 서예에 대한 열정이 넘치던 시절이었습니다. 초정서실을 다니면서 국전에도 여러 번 도전하였지만 거듭 낙선하여 꿈을 접었습니다. 서예계의 역학관계가 어떤지도 모르고 작품만 출품하고 결과를 기다렸으니 무모하였다는 생각입니다.

내 서예 인생에서 1990년대는 이렇게 흘러갔습니다. 그러나 무의미하게만 흘러간 것은 결코 아니었습니다. 서예 인생에서 큰 획을 긋는 여러 일들이 이 시기에 있었습니다. 1998년 계명대학교 예술대학원 서예학과에 진학하였습니다. 나의 서예 세계에 가장 큰 영향을 준 것이 대학원 진학이 아닌가 싶습니다. 대학원 공부 과정에서 근원 김양동 선생을 만났기 때문입니다.

이 시기는 서예를 새롭게 모색하도록 길을 열어주었지만, 새 길을 모색하는 과정에서 혼란스러웠던 것도 사실입니다. 예술세계에서 새로운 길을 열어간다는 것은 혼돈과 진통을 동반한다는 것도 깨달았습니다. 그런 혼돈의 시간을 지났기에 다른 세계를 열어갈 수 있었습니다.

羲農去我久舉世少復真汲汲魯中叟彌縫使其淳鳳鳥雖不至禮樂暫得新洙泗輟微響漂流逮狂秦詩書亦何罪一朝成灰塵區區諸老翁為事誠慇懃如何絕世下六籍無一親終日馳車走不見所問津若復不快飲空負頭上巾但恨多謬誤君當恕醉人
陶淵明詩 金英子

도연명시 _ 70*200cm

초정서실을 찾아가다

　학고재 우 사장의 말을 듣고 소개서도 없이 무작정 초정서실에 전화를 했습니다. 여직원이 전화를 받았습니다. 내가 대구에 살고 있으므로 초정 선생님과 만날 시간을 정해주시면 고맙겠다고 하니 어느 날에 오라고 날짜를 정해주었습니다. 직원의 말을 믿고 대구에서 세 번이나 찾아갔으나 매번 선생님이 부재중이어서 만나지 못하고 내려왔습니다.

　대구에서 서울까지 올라갔는데 초정 선생을 만나지 못해 원망스러웠습니다. 내가 초정서실에 등록하고 서예 공부를 하면서 상황을 이해할 수 있었습니다. 선생의 일정은 계획된 것이 없었으므로 직원도 종잡을 수가 없었던 것입니다. 선생은 그런 무계획이 자유분방한 예술가의 삶이라고 생각하시는 듯했습니다. 한편으로는 옛 도제제도 하의 스승과 제자

客來蒼雨際
石寒青錦際
拂玉柄童趓
佳景煙籠欹
暝時

秋水落金池
片楊掛綠絲
惜去僧慶

丁日夏 李白詩
雪江 金英子

李白詩 _ 70*200cm

관계도 고집하시는 것 같았습니다.

  선생님을 처음으로 만난 것은 네 번째 찾아갔을 때입니다. 선생님은 방에 계셨고 나를 불러주기를 기다렸습니다. 방에 들어가서 인사를 드렸더니 힐끗 한번 보기만 하고 아무 말씀도 하지 않았습니다. 내가 쓴 구성궁체 글씨를 선생님 앞에 펼쳤습니다. 선생님은 내 글을 보는 둥 마는 둥 옆으로 쓱 밀쳐버렸습니다. 그리고는 별말씀이 없으신 채 예서 체본 한 장을 써주었습니다. 나는 절만 꾸벅하고 방을 나와서 대구로 내려왔습니다. 이것이 선생님과의 첫 만남이었습니다. 서울에 올라갈 때까지 체본을 열심히 연습하였습니다.

  초정서실에서 나이가 지긋하신 지홍 선생님을 만났습니다. 서실에 가서 초본을 받을 차례를 기다리는 시간은 아주 길었습니다. 그때 지홍 선생은 예서의 이론과 기본이 되는 기법을 친절하게 가르쳐주었습니다. 예서의 기초는 지홍 선생에게 배웠다고 하는 것이 옳을 것입니다. 초정 선생은 별다른 말씀이 없이 체본만 써주었기 때문입니다. 다른 회원의 글씨를 첨삭하면서 하시는 말을 듣는 것이 내가 배운 예서의 기초가 되었습니다. 선생님이 첨삭하면서 수정해주는 이유를 알게 된 것도 꽤 시간이 흐르고 나서입니다. 다른 서체를 배우는 사람들 뒤에서 주워들은 말은 다른 서체의 기초를 익히는 밑거름이 되었습니다.

1990년대 서예에 내 인생을 전부 바쳤다고 해도 지나친 말이 아닙니다. 그때는 어떤 것보다 우선순위가 서예였고, 서예에 온전히 내 열정을 바쳤습니다. 대구에서 서울의 초정서실까지 결석 한번 없이 다녔던 일을 생각하니 스스로가 대견합니다. 몇 번을 헛걸음한 후에 처음 초정 선생을 만났을 때는 얼굴을 뵌 것만도 감사한 마음이었습니다. 불평을 하거나 불만을 할 겨를이 없었습니다. 젊은 날에 무언가를 하고 싶다면 이 정도의 열정이 있어야 하지 않을까요.

그 무렵의 초정 선생의 언행을 이해하기 위해서는 한국 전통 서예사에 대한 이해가 필요합니다. 한국의 전통서예는 추사의 예서가 대원군을 위시하여 안동 김씨 가문에서 가서家書로 이어왔습니다. 일제강점기에 이르러 추사의 광풍이 조선을 뒤덮어서 대부분의 서예가는 예서를 썼습니다. 조선미전을 손아귀에 쥐고 있던 이는 김돈희였고, 김돈희의 뒤를 이은 사람이 손재형이었습니다. 그들은 친일적 성향이 강한 서예인이었습니다. 반면, 안동 김씨 가문의 인물인 김충현 김응현 형제는 반일적 성향이 강하였습니다. 이분들은 가서나 다름없는 예서를 지켰습니다.

광복 이후 한국서단은 손재형 계열과 반 손재형 계열 사이에 심한 암투가 있었습니다. 손재형 계열이 초반에는 국전을 장악했지만, 1990년대에 들어서면 김응현 계열이 국전을 장악하면서 이들이 문화 권력자가 되었습니다. 초정 선생은 김응현의 수제자로 그 계열의 대표 인물이었습니다. 내가 초정서실을 찾아갔을 때는 서단에서 초정의 힘이 하늘을 찌를 때였습니다. 국전에 관심이 많았던 서예인들이 전국에서 찾아와 회원이 150명이나 되었습니다.

나는 그런 힘의 관계를 전혀 모르고 오로지 서예를 정통으로 배우고 싶어서 찾아갔습니다. 학고재 우 사장이 초정 선생을 이야기할 때도 선생의 이름을 들어 본 일이 없을 정도로 당시 서예계의 정보나 동향에 무지했습니다. 아마 초정 선생의 냉랭했던 태도도 나를 국전 입상을 목적으로 찾아온 불나방 정도로 생각해서 그랬는지도 모릅니다. 선생의 싸늘한 태도가 이해됩니다. 당시의 한국서단의 분위기가 그러하였고, 국전의 입·특선 작품은 온통 예서였습니다.

초정 선생은 전통적인 도제제도의 사제 관계를 유지하면서 서예를 배운 분이었습니다. 자신이 제자에게 하는 태도도 사제 관계에서 당연하다고 여겼을 것입니다. 그분의 삶과 당시 서단의 분위기를 생각하면 초정 선생을 이해하고도 남습니다. 돌이켜 생각하니 그때 느꼈던 나의 섭섭함도 추억으로 남았습니다. 초정서실은 국전 시기만 되면 유난히도 부산하였습니다. 국전 준비를 한다면서 체본을 받아 가고, 무언지 모르지만 웅성웅성하는 분위기였습니다. 나도 그런 분위기에 휩쓸려 국전에 작품을 출품하였지만 번번이 낙선하였습니다. 국전에 입·특선하는 서실 회원이 수십 명씩이나 나오는데도 나는 단골 낙선자였습니다. 비록 내 안목이 낮기는 하였지만 잘 쓴 글씨로 보기는 어려운데도 버젓이 입상을 한다는 사실은 수긍할 수가 없었습니다. 내리 네 번이나 특선을 하는 사람도 있는데, 내 작품은 계속 낙선을 하다니 이해할 수가 없었습니다. 그럴 때마다 심한 회의에 빠졌습니다. 실망을 안고 대구로 내려올 때는 몸에서 힘이 모두 빠져나가 버린 듯했습니다. 그런 날은 남편이 놀란 얼굴을 하고 "왜 무슨 일이 있었어?"라며 묻곤 했습니다. "아니."라고 대답하였지만 내 안에서 무슨 일이 있었던 것은 분명하였습니다.

　이런 일들 쌓이면서 나는 전통 서예에서 벗어나 새로운 길을 모색해야겠다는 생각을 했습니다. 서단 권력을 누가 잡느냐에 따라 당락이 결정되는 그 상황을 견딜 수가 없었습니다. 한국 전통 서예는 내가 설 자리가 없겠다는 절망감이 마음을 짓눌렀습니다. 나만의 길을 찾아가야겠다는 생각을 했습니다. 지금 생각하니 연이은 낙선이 다른 길을 찾는 계기였던 셈입니다.

예서 바람이 불었다

초정서실에서 제일 먼저 배운 것이 예서였습니다. 서예에 대한 정해진 교육과정 같은 것은 없어 보였습니다. 다른 회원은 어떻게 공부하였는지는 모르겠습니다. 왜 예서일까요? 해방 이후에 손재형은 국전을 장악하면서 서예계에서 문화 권력을 행사했습니다. 그때까지 서도書道라고 부르던 명칭을 서예書藝라고 바꾸었습니다. 서예가 예술이 되려면 조형미가 있어야 한다며 새로운 형태의 글씨를 주창했습니다. 그러나 김충현 김응현 형제는 생각이 달랐습니다. 전통 서예만이 서예라는 것입니다. 서예는 고법을 본받아야 하고, 고법일지라도 연대가 올라갈수록 창의력과 창조력이 돋보인다, 라고 하였습니다. 고법에 딱 들어맞는 글씨체가 예서라고 하겠습니다.

동방연서회를 이끈 김응현은 국전의 서예 작품을 두고 "서체의 질은 따질 것도 없이 천편일률적인 괴이한 형상이 오히려 통상적인 것으로 느낄 만큼 타락한 것이다."라고 비판했습니다. 실험적인 시도를 한 작품은 타락한 작품이라고 폄훼하였습니다. 이것은 손재형의 조형미 이론에 대한 반론이었습니다.

초정은 김충현과 김응현을 스승으로 모시면서 동방연서회의 회장까지 맡은 분입니다. 그의 서예론이 글자를 괴이한 형상으로 비트는 주장과 반대의 입장에 선 것은 당연합니다. 초정은 김충현에게 글을 배웠고, 나중에는 김응현과도 깊은 관계를 맺었으므로 당연히 예서가 중심 서체가 될 수밖에 없었습니다. 초정 선생이 국전을 좌우하는 문화 권력자였으니 국전을 목표로 하는 수많은 서예인들이 그의 밑으로 모여들었습니다.

한국서예를 이해하려면 '국전'을 반드시 짚어보아야 합니다. 해방이 되고 서예가 대학의 교육과정에 진입하지 못하였으므로 서예인은 국전을 거쳐야 전문 서예인으로 대접받았습니다. 국전만 바라보면서 붓을 잡는 서예인이라면 국전을 장악한 문화 권력자를 찾아다니는 것이 이상할 리 없을 것입니다.

이런 연유로 국전을 장악하기 위한 계파 간의 치열한 다툼이 있었습니다. 광복 이후에는 손재형 계열이 국전을 장악했고, 김응현 계열은 그 권력에 도전했습니다. 명분은 서예의 예술미와 서법론이 다툰 것이지만, 사실은 국전 장악의 싸움이었습니다. 19회 때는 자기 계파를 입·특선시키는 일이 지나쳤고, 20회 때는 서예인의 집단 반발도 있었습니다. 1980년대에 들어서면 국전의 문제점과 계파 간의 분열이 더욱 심화되었습니다. 서단은 서예가협회로 분열되었고, 1990년 초에는 서예가협회가 떨어져 나갔습니다.

김충현과 김응현이 한국서예에 남긴 업적 중의 하나는 동방연서회를 조직하여 민간에게 서예 교육을 펼친 일입니다. 동방연서회는 1958년에 김용진을 초대 회장으로 하고 김충현이 간사장을 맡아서 출범했습니다. 이후에 김충현이 회장이 되어 연서회를 이끌었고, 김응현도 적극적으로 참여하면서 3대 회장이 되었습니다. 초정은 김충현에게 서예를 시작하였으나 김응현과도 깊은 관계를 맺었습니다. 김충현, 김응현 모두 초정의 스승이라고 말합니다.

1990년대에 접어들면서 초정 선생이 동방연서회의 회장이 되었습니다. 이어 권창륜이 국전도 장악했습니다. 나는 그 무렵에 초정의 문하생이 되었습니다. 줄서기로 따진다면 길을 잘 찾아간 것이지요. 줄을 잘 잡았는데도 국전에는 거듭 낙선했습니다, 이유를 몰랐습니다. 서예에 점차 자신감을 잃고 의기소침해졌습니다.

나의 서울 전시회 때 찾아온 서예 동호인이 서예인이 국전에 목을 매는 이유를 가르쳐 주었습니다. 대부분의 서예인은 학원으로 생계 수단을 삼습니다. 대학에 서예 과정이 없었던 시절이라 국전의 입·특선이 유일한 경력이었습니다. 국전 입·특선의 경력은 학원의 수강비를 더 받을 수 있기 때문이라 하였습니다. 내가 서예 학원을 운영하지 않았으니 서예인들의 지나친 집착을 이해하지 못했던 게 당연하였습니다.

春雨梨花白宵殘小燭紅井
鳴鶯曙罷飛樑燕曉晨見錦
幕凄涼捲銀床寂寞空壹
軺回歸馭星漢綺樓東
庚辰夏雪江

許蘭雪軒詩 效沈下賢 _ 70*200cm

    1998년에 서예학과 대학원에 진학하면서 초정서실이나 국전과는 다른 길을 발견하려고 고민하였습니다. 대학원에 진학한 나는 더 열심히 글씨 연습을 했고 서울에도 부지런히 다녔습니다. 지금까지 붓을 놓지 않고 오늘에 이른 것은 초정서실에서 보낸 시간도 큰 역할을 하였습니다. 생각하면 힘들고 어려웠던 서울 길이었지만, 서예에 바친 나의 열정을 자랑스럽게 생각합니다. 그 열정이 오늘까지 붓을 쥐고 있게 한 자양분이 되었다고 생각합니다.

예천의 초정 생가

　대구에서 서울까지 체본을 받으러 다니는 일은 힘들었습니다. 첫 새벽에 집을 나서면 버스를 타고 가든, 기차를 타고 가든 서울까지 네 시간이 걸렸습니다. 서실까지 가면 11시쯤이었습니다. 내 앞에는 이미 열 명쯤 복도에 서서 체본을 받으려고 기다리곤 했습니다. 오후 늦게 초정 선생의 체본을 받아서 밤 기차로 대구 집에 닿으면 밤 12시쯤이었습니다.

　초정 선생은 예천의 고향 집터에 한옥을 크게 지었습니다. 토, 일요일은 고향 집에 머물렀습니다. 체본을 받으러 예천으로 가도 되겠느냐고 하니, 그러라고 하였습니다. 대구에서 예천까지도 먼 길이었지만 남편이 운전을 해주었습니다. 예천에 멋있게 지은 한옥은 마무리 공사 중이었습니다. 마당도 고르고 조경 공사를 하고 있었습니다. 안동, 영주 등 가까운 지역은 말할 것도 없고 울산, 밀양, 진주에서 올라온 제자도 있었습니다. 제자들이 발 벗고 나서서 나무를 심고 마당을 고르는 일을 했습니다.

예천으로 갔으나 여러 번 체본을 받지 못했습니다. 돌아오는 길에 남편이 말했습니다. 허리가 아프다는 제자 한 사람이 통증을 참으면서 일을 하더라고 했습니다. 남편이 그에게 "허리도 아픈데 왜 쉬지 않느냐?"라고 하니까 "쉬고 싶지만…."이라며 말끝을 흐렸다고 합니다. 남편도 대학에서 도제 시스템에 가까운 방식의 수련을 받았고, 1980년에 학위를 받았습니다. 그런 이유로 도제제도에는 부정적 시각이 강했습니다.

제자가 초정 선생을 너무 치켜세우니까 선생도 듣기가 거북했는지 "아부성 말은 그만하고…."라며 제지했다고 합니다. 그런 아부성 발언을 한 사람은 국전에 연이어 특선을 하였습니다. 남편은 서예가가 아니니 국전에는 별 관심이 없었고, 제자의 낯간지러운 말이 귀에 거슬렸다고 했습니다. 나는 솔직히 특선한 사람이 부러웠습니다. 서예를 배우러 갔으면 글씨만 열심히 하면 되는데 국전에는 왜 관심을 가졌을까, 후회스럽습니다. 지금 생각하니 초정서실의 분위기 탓인 듯합니다. 서실에 가면 국전 이야기를 많이 했습니다. 그래서 나도 국전이 서예의 목표처럼 인식하고 있었나 봅니다.

예천에서 대구로 돌아오는 길에 입선을 한 번만 해도 국전 추천 작가가 된다는 분과 동승했습니다. 입선도 못 한 나로서는 부러웠고, 그러라면 자신을 뽑아준 스승을 고마워하리라 생각했습니다. 그런데 그의 말투에는 묘한 뉘앙스가 뿜어 나오는 것을 느꼈습니다. 초정 선생한테 인

초정 생가
사진출처: www.idaegu.com/newsView/idg201502100085

사를 드리고, 예천에 가서 일을 하는 제자들이 모두 선생의 체본을 받아 가는 것 같지는 않았습니다. 나도 체본을 못 받을 때가 많았습니다. 조경 공사를 하느라 분주한 분위기여서 감히 체본을 써달라고 할 수 없었습니다. 왜 예천까지 가서 선생의 체본은 받지 않고 조경 공사 일만 하는지 이해할 수 없었습니다.

   고급 수학 이론보다도 더 복잡한 공식이 있겠지요. 그때 나는 그런 복잡한 수학 문제를 풀어 볼 생각은 아예 하지 않았습니다. 어쨌거나 나는 체본을 받는 것이 목적이었는데, 예천에서는 못 받을 때가 많아서 다시 서울의 초정 서실에 다니기로 하였습니다. 아주 간단한 계산법이었습니다.

다시 서울로

　서울까지 체본을 받으러 다니는 일이 힘들었지만 결석하지 않았습니다. 그때는 국전에서 입·특선을 하는 작품은 대부분 예서였습니다. 초정 선생에게 예서를 배우러 다니는 것이 흡족했습니다. 왕철 선생에게는 해서만 배웠기 때문입니다. 왕철 선생에게 서울에 공부하러 다닌다고 하였더니 고개를 끄덕끄덕하셨습니다.

　초정 선생 밑에서 장천비, 을영비, 사신비, 예기비 등 예서를 섭렵했습니다. 오늘날 제 서체의 바탕이 되었습니다. 초정 선생에게 글씨를 배우는 방식은 도제식이었습니다. 선생의 권위는 절대적이어서 제자인 나로서는 말 한마디 제대로 못 했습니다. 자신이 하고 싶은 말은 하셨지만 제자의 질문에는 거의 대답하시지 않았습니다. 그래서 쉽게 질문을 할 수 없었습니다. 나는 대구에서 격주로 서실에 올라갔고, 대신 체본을 2장씩 받았습니다. 저의 처지를 이해한 배려가 고마웠습니다. 그러나 선생의 특별한 배려에 여회원의 불만이 많았습니다. 체본을 두 장씩 써주면 시간을 많이 잡아먹는다고 노골적으로 나를 싫어하였습니다.

넋두리 같지만 눈물겨웠던 일도 생각납니다. 새벽에 차를 타더라도 오전 11시쯤에 서실에 도착합니다. 체본을 받으려면 늦은 오후까지 기다려야 했습니다. 선생님은 대학처럼 수업 시간이 엄격하지도 않았고, 정해진 점심시간이라는 개념도 없었습니다. 2시까지도, 3시까지도 좋고, 선생님이 식사 후에 서실에 오는 시간부터가 오후

栗谷先生許 湖當夜坐 _ 70*200cm

수업입니다. 저녁 막차 표를 끊어둔 나는 속이 타들어 갔습니다. 대구에서 왔다고, 차 시간에 쫓긴다고 체본 받는 순서를 바꾸어 주는 사람도 없었습니다.

그때 연세가 지긋하신 지홍 선생께서 나를 자기 자리에 오게 하고, 당신은 내 자리로 갔습니다. 이 글을 쓰니까 지홍 선생이 생각나서 가슴이 울컥합니다. 지홍 선생의 자리에서 체본을 두 장 받으면 기다리는 사람 순서가 더 늦어진다고 한 장만 받으라며 내 옆구리를 쿡쿡 찌르곤 했습니다. 오늘까지도 제가 붓을 쥐고 있도록 도와주신 분이 많습니다. 나를 배려해주던 지홍 선생 같은 분이 계셨기 때문입니다. 기다리는 사람 눈치가 보여 체본을 한 장만 받기도 했습니다. 지홍 선생은 서툰 나의 예서를 바로 잡아주기도 하고, 기본 용필법을 가르쳐 주었습니다. 다른 회원이 예서가 아닌 체본을 받을 때는 등 너머로 보면서 배웠습니다. 전서는 순전히 어깨너머로 배웠다고 해도 과언이 아닙니다.

선생님이 볼일이 있는 날은 아예 체본을 받지도 못하고 대구로 내려왔습니다. 그런 날이 셀 수도 없을 만큼 많았습니다. 빈손으로 기차의 입석표를 끊어서 대구로 내려오는 날은 야속하기도 하고, 내가 무엇을 하는지 서글프기도 했습니다. 서예 공부에 회의가 들기도 하였습니다. 차 시간은 다가오는데 내 순서는 아직 멀고 속이 타들어 갈 때도 있었습니다. 앞자리 두 사람만 순서를 바꾸어 주면 체본을 받아서 올 수도 있는데, 차마 양보해달라는 말이 나오지 않았습니다.

차 시간 때문에 빈손으로 서실 문을 열고 나설 때는 야속하기도 하고 화가 나기도 했습니다. 어느 날은 빈손으로 동대구역에 내리니 자정이 넘었고 그날따라 비가 많이 쏟아졌습니다. 차도 잘 다니지 않는 길에서 택시를 잡으려 허둥거렸던 일을 생각하면 눈물이 납니다. 그러나 그런 고난의 시간을 잘 견뎠기에 지금까지 붓을 쥐고 있다고 생각하며 스스로를 위로합니다.

계명대 서예전공 대학원에 진학하다

　서예라면 붓으로 글씨만 열심히 쓰는 것으로 알고 있었습니다. 남편은 미술사를 공부하면서 서예사에 대해서도 많이 알고 있었습니다. 아침 산책을 하면서 서예의 흐름을 이야기했고, 현대 서예에 대하여도 이야기를 해주었습니다. 남편의 이야기가 흥미롭기는 해도 더 이상 관심을 가지지는 않았습니다.

　광복 후에 서예는 대학 정규 교과 과정에 진입하지 못하였습니다. 도제 제도로 공부한 서예인이 국전을 장악하였고, 서예계를 좌지우지했습니다. 한편, 서예인들은 1980년대가 되자 대학에 서예학과를 설치하려는 운동을 활발히 펼쳤습니다. 1989년에 원광대에 서예학과를 개설했고, 1992년에는 계명대학에 서예학과가 생겼습니다. 그러나 대학에서는 서예 교육 과정에 대한 준비가 없었고, 서예 교육을 담당할 교수진 확보도 어려웠습니다. 아무런 준비도 없이 학과만 만들어 놓으니 사상누각이나 다름없었습니다.

남편은 서예를 도제식으로 공부하는 데 부정적이었습니다. 사제 관계는 학문으로 이어져야지 주종 관계여서는 안 된다는 주장이었습니다. 남편의 강력한 권유로 계명대 대학원에 진학하여 서예를 전공하였습니다. 저는 줄곧 한문 서예만 공부하였으므로, 한문을 전공하신 근원 김양동 교수를 지도교수로 모셨습니다.

대학 서예과의 문제점은 졸업을 해도 마땅한 진로가 없다는 것입니다. 서예학원이 길이라면 길이었습니다. 서예학원을 운영하기 위해서는 서예과 졸업보다 국전 추천작가가 더 요긴했습니다. 학생들은 과외수업하듯이 학교 밖에서 도제 방식으로 수업을 또 받았습니다. 저는 원래 초정 서실을 다녔기 때문에 미리 지도교수에게 말씀을 드렸습니다. 근원 선생은 국전과는 거리가 먼 인물이었습니다. 나중에야 알았지만, 근원과 초정은 사이가 별로 좋지 않았습니다.

학생들이 학교 밖으로 나가서 도제제도의 수업을 받는다고 해서 대학은 다른 방식으로 가르치는 것도 아니었습니다. 대학에서의 실기 방식도 학원에서 가르치는 방법을 그대로 따랐습니다. 서예를 대학에 진입시키는 데는 전심전력을 다하였지만, 교육 프로그램이라든지 교수진 확보라든지 세밀한 준비는 하지 않았습니다. 한 해, 두 해가 흐를수록 교육 과정의 문제점이 드러났습니다. 나는 만학도로 대학원을 다녔고, 앞날의

時節變 _ 80*35cm

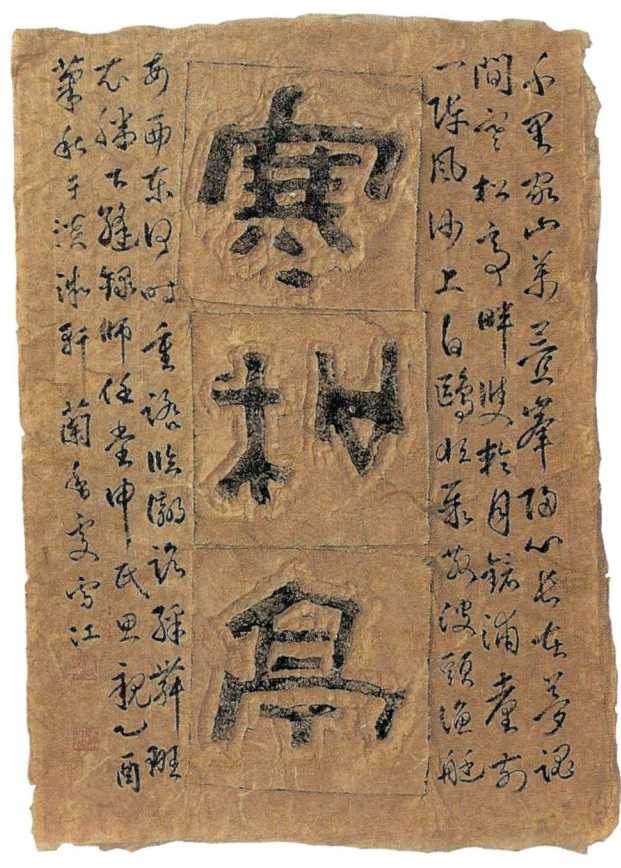

思親 _ 46*68cm

직업을 의식하고 공부한 것이 아니었으므로 대학원 공부에 불만을 가지지는 않았습니다.

　대학원을 다니면서 가장 만족했던 것은 미학을 공부한 것입니다. 타타르키비츠의 '미학의 기본 개념사'를 열심히 공부했습니다. '미美'의 정의나 개념도 시대에 따라 바뀐다는 것도 알았습니다. 1990년대는 현대 서예라는 말이 도입되었습니다. 나도 관심을 가졌습니다. 전통 서예를 탈피하여 현대 서예에 관심을 가지게 된 것이 미학 공부를 하였기 때문이라고 생각합니다. 근원 김양동 교수는 현대 서예 쪽으로 약간 치우쳤다 할까요. 예서를 조금 비틀어서 썼습니다. 근원 선생의 작업에 관심을 가지면서 나의 서예관도 조금씩 바뀌어 갔습니다.

　서예관이 바뀌고 있었지만 여전히 국전을 기웃거렸습니다. 일반 서예인들이 하는 행태를 그대로 따라 하면서 글씨 쓰기를 연습하였습니다. 대학원에서 처음으로 시도한 실험 작품은 서예가 도자기 기법을 활용하는 방식이었습니다. 도자기에 글씨를 각刻하여 도자기를 장식하는 부수적인 서예가 아니고 반대로 응용한 것입니다. 그러나 이 방식은 제작 과정이 힘들었고 미적 효과도 기대에 미치지 못하여 지금은 하지 않습니다.

국전, 하느냐 마느냐

　1990년대 초에 영남대학교 박물관에서 미술의 여러 장르를 강의하는 박물관대학을 시작하였습니다. 나는 거기에 참여하여 미술 일반에 대해 공부했습니다. 중국의 고대미술을 비롯하여 다양한 미술 장르를 소개하였습니다. 중국에 미술 답사를 가는 현장학습도 있었습니다. 그때는 우리나라와 중국이 수교를 하기 직전이라 중국 여행이 쉽지 않았습니다. 나는 미술 답사에 참여하여 중국을 다녀왔습니다. 그곳에서 등소평 이후의 중국이 엄청난 변화를 하였다는 말을 들었습니다.
　내가 관심을 가진 것은 중국 서예였습니다. 깜짝 놀랐습니다. 서예라면 우리나라에서 배운 전통 서예만 생각하였습니다. 그 무렵 중국 서예는 전통 서예가 아닌, 학원파라든지, 현대 서예라든지 다양한 양상으로 변화하고 있었습니다. 중국 서예계도 새로운 시대가 열리고 있었습니다. 서예에도 새로운 바람이 불고 있다는 것을 그때 알았습니다. 이후로도 중국 서예의 흐름에 관심을 가지고 지켜보았습니다.

  서예를 오래 공부했지만 새로운 흐름의 방향으로는 한 걸음도 나아가지 못했습니다. 대학원에 진학하기 전에는 현대 서예의 길도 방법도 몰랐기 때문입니다.

사진 속 작품: 조지겸의 시 新秋

새로운 방법으로 작품을 하는 서예인도 알지 못했습니다. 대학원에 적을 두면서 생각지도 않았던 갈등이 생겼습니다. 김양동 교수 밑에서 현대 서예 쪽으로 눈을 돌리면서 국전 공모에 출품을 하느냐 마느냐의 고민이 깊어갔습니다. 국전이 요구하는 서예와 대학원에서 추구하는 현대서예는 방향이 서로 달랐기 때문입니다.

서예계에 내 이름을 알리는 유일한 방법이 국전의 입·특선이었습니다. 지금은 어떠한지 모르지만 그때는 그랬습니다. 대학원 진학 후에도 초정서실에 가서 서예 공부를 계속했습니다. 서실에서는 국전 철이 되면 서예인들이 출품 준비를 하느라 분주했습니다. 그곳에 가면 나도 국전 준비 분위기에 휩쓸렸습니다. 심지어 서실 동료가 '아무개가 당신이 김양동 선생 밑에서 공부한다는 것을 초정 선생에게 고자질을 했다.'라며 내게 넌지시 알려주기도 했습니다.

　초정서실에 다니면서 정통서법을 정식으로 배웠고, 어깨너머로도 배우면서 서예 실기의 기초를 차근차근 닦았습니다. 이후로 행초도 배웠습니다. 서예의 기초를 탄탄히 배운 곳은 대학원에서가 아니고 초정서실이었습니다. 서예의 기초를 다지는 것과 국전에 입선하는 것은 별개의 문제였습니다. 현대 서예에 관심을 가진 이후로는 국전 출품에 대한 갈등과 고민이 깊어갔고, 현대 서예로의 방향 전환에 대하여 혼란스러웠습니다.

　그해도 국전 철이 되자 나는 초정서실을 거치지 않고 습관처럼 작품을 출품했습니다. 그런데 국전에 입선했다는 통보가 왔습니다. 그해는 초정서실 회원 중 30여 명이나 국전에 입·특선을 했습니다. 입선자들이 자축연을 가졌는데 무슨 이유인지 나에게는 연락이 오지 않았습니다. 나중에 총무가 미안하다면서 '초청자 명단에 없어서'라고 변명을 했습니다.

　나중에 들은 이야기이지만 대구에서 올라간 심사위원이 용케도 내 작품을 알아보고 입선으로 뽑았다고 했습니다. 나는 더욱 혼란에 빠졌습니다. 내 작품을 입선에 뽑을 만큼 잘 쓴 작품이었기 때문이 아니라 심사위원이 용케도 알아보고 뽑아주었다니 좀체 이해되지 않았습니다. 세상사가 실타래처럼 엉켜있나 봅니다.

   전통 서예만이 출품 가능한 국전에 계속 도전하느냐, 라는 문제로 갈등이 심했습니다. 또 다른 기회에 국전 입선을 한 일이 있었습니다. 그러나 현대서예 쪽으로 방향 전환을 하기로 마음을 굳히면서 국전에 더 이상 미련을 두지 않고 출품하지 않았습니다. 나의 길을 찾기까지 참으로 먼 길을 돌아왔습니다.

현대 서예에 관심을 가지고

  1990년대 들어서면 서예계에도 변화의 바람이 불어왔습니다. 서예에도 그림의 요소를 도입하자는 운동이 일어났습니다. 그들의 주장은 전통 서예를 폐기하자는 것이 아니고 새로운 길을 찾아보자는 것이었습니다. 서예에 입문한 후 법고창신法古創新, 온고지신溫故知新이라는 말을 귀가 아프도록 들었습니다.

  통상적 서예의 범위를 벗어나서 새로운 서예를 시도할 때 현대 서예라고 하였습니다. 예전부터 '서예는 미술이 아니다'라는 논쟁을 보면 서예에 회화성을 도입하자는 말이 새삼스러운 것도 없습니다. 이러한 배경을 가지고 1990년대에 서예가들이 서예의 새로운 길을 찾아 방향을 모색하였습니다.

2007년도에 나온 논문의 한 구절을 소개하겠습니다.

"서예가 고유의 형식에서 벗어나 흑백에서 색채로, 틀에서 자유분방함으로, 평면에서 입체로, 특수계층의 문화에서 다수의 대중문화로 모습을 바꾸었으며, 이러한 움직임은 회화와 설치, 퍼포먼스, 캘리그래피 등의 형태로 나타났다."

이 말을 풀어보면 검은 먹색 일색에서 알록달록한 색을 도입하자는 것이고, 서예를 서법 중심으로 공부하는 데서 탈피하자는 것이다. 또한 대중들이 이해하지 못하는 한자 중심의 서예를 대중에게 쉽게 접근할 수 있는 방법으로 길을 찾자는 것입니다. 그런 시도를 하는 서예를 현대 서예라고 통칭합니다.

대학원에서 김양동 교수를 지도교수로 모시고 공부하면서 한자를 잊어가는 현대 사회에서 서예가 살아남을 길은 현대 서예로 방향 전환하는 것임을 인식하게 되었습니다. 나는 회화뿐만 아니라 조각으로 확대하여 시도해 보고 싶었습니다. 마치 수영의 기초도 배우지 않고 현대 서예라는 깊은 물 속에 뛰어들어 허우적거리는 꼴이었습니다. 하지만 여러 방향으로 모색하고 새로운 길을 시도해온 것이 나의 서예 인생이라고 생각합니다. 가장 먼저 시도해 본 것은 김양동 교수가 했던 문자의 입체화 작업이었습니다. 평면의 종이와 먹과 붓 이외의 재료를 사용하여 입체화로 바꾸는 작업이었습니다. 김양동 교수는 도판陶板에 글을 써서 파내고 가마에 구웠습니다. 글자의 형태, 글자의 조형 자체가 크게 바뀌는 것은 없지만 입체감이 주는 조형미는 새로웠습니다. 종이에 먹으로 쓴 글씨가

書斷句 _ 동판 _ 35*120cm

주는 느낌과는 달랐습니다.

  나도 흉내를 내어 보았습니다. 먼저 도판을 만들고, 붓으로 글씨를 썼습니다. 그리고 글자를 각刻하듯이 파냅니다. 가마에서 구우면 도판에 글씨가 입체적으로 나타납니다. 글자의 원형이 내 글씨에서 벗어난 것은 아니지만 느낌만은 달랐습니다. 한 걸음 더 나아가서 청동 주물 방식으로도 만들어 보았습니다. 길거리의 간판도 아크릴에 글씨를 쓰는 가벼운 방식에서 벗어나 명필 글씨로 청동 주물을 떠서 만들면 어떨까 상상해보았습니다. 그러면 품위도 있고, 무게감도 있고, 상품 가치도 있을 것 같았습니다.

  먹의 미감을 살린다면서 도판으로 각한 글자를 탁본拓本으로도 만들어 보았습니다. 도판을 만든다든지, 탁본을 한다든지, 서예와는 양상이 다른 작업 등과 같은 공예에 가까운 작업에 크게 흥미를 느끼지는 못했습니다. 내가 관심을 가진 것은 색채와 형태였습니다. 여기서 말하는 형태란 글씨에서 예술성을 주장하던 사람들이 즐겨 말하는 조형미였습니다. 붓글씨로 어떤 형태의 글씨를 써야 조형미를 가질까에 대해서도 해답을 찾지 못했습니다. 그래서 색채에 더 깊은 관심을 가졌는지도 모르겠습니다.

 새로운 시도가 즐겁기는 했지만 서예가들이 관심을 두지 않아서 계속할 수 없었습니다. 시간과 노력에 비하여 마음에 드는 작품이 만들어지는 것도 아니었습니다. 어쨌거나 나의 실험은 헛된 꿈이 되었지만 그런 시도가 의미는 있었다고 생각합니다.

대학원 졸업 전시회

　대학원 졸업 전시회는 나에게는 하나의 갈림길이 된 전시회였습니다. 대학원에 입학할 때는 솔직히 갈등도 있었습니다. 이 나이에 대학원은 무슨 대학원이야, 라는 생각도 들었지만 입학하고 싶은 유혹도 강하였습니다. 나름대로 서예에 대한 생각이 있었기 때문입니다. 나이가 들어서 서예를 시작하는 사람들은 대부분 취미생활이라고 말합니다. 나는 젊었을 때부터 서예에 매달렸기 때문에 그들처럼 단순히 취미생활로 서예를 한 것은 아닙니다.

　때마침 중국이 개방하면서 중국이나 일본 등지의 서예도 엿볼 수 있어 안목이 넓어졌습니다. 그들의 서예를 보면서 우리나라도 전통 서예에서 벗어나야 한다는 생각을 막연히 가졌습니다. 그러나 어떤 방법으로 시작

申師任堂句 _ 한지, 먹 _ 100*65cm

해야 할지는 몰랐습니다. 대학원 입학은 두려우면서도 한편으로는 새로운 서예의 길을 찾을 수 있으리라는 유혹으로 다가왔습니다.

그 무렵 나는 남편 친구의 병원 건물에 사무실 한 칸을 마련하여 '담미헌'이라는 현판을 걸고 작업을 했습니다. 전통 서예를 하시는 왕철 선생에게도 공부하러 갔고, 서울의 초정서실에도 열심히 다녔습니다. 뭔가 알 수 없는 허전함이 나를 대학원으로 이끌지 않았나 싶습니다.

대학원에 입학하면서 근원 김양동 선생을 지도교수로 모시고 한문 서예를 전공하였습니다. 근원 선생은 전통 서예를 하시면서도 이것저것 실험을 시도하셨고, 나도 선생님의 영향으로 실험 서예에 관심을 가졌습니다. 근원 선생의 작품은 도예와 문자의 조형미를 결합하여 새로운 서예로 형상화한 것이었습니다. 선생의 작품은 도예도 아니고 서예도 아닌 융합 장르였습니다.

졸업 전시회에는 도예로 형상화한 작품을 선보였습니다. 초벌구이를 한 도판에 글자를 쓰고, 음각이나 양각을 한 후에 가마에 구웠습니다. 그 도판의 글자를 탁본한 것이 나의 작품이었습니다. 이처럼 붓과 먹이 아닌 방법의 작품을 서예라고 할 수 있는지는 모르겠습니다. 도예와 서예의 접목을 시도했지만 도예에는 문외한이어서 한계가 느껴졌습니다. 도예가를 찾아가서 부탁하여 그의 작품을 구울 때 내 작품도 가마에 넣었습니다. 탁본을 하는 것도 마찬가지로 어려움이 따랐습니다. 탁본도 전문가의 솜씨를 필요로 하는데 내 능력으로는 좋은 탁본을 하기가 어려웠습니다.

관람자의 반응은 기대에 못 미쳤으나 내가 실험해보고 싶은 작품을 만들었다 싶어서 기분은 좋았습니다. 대학원에 다니면서 미학 이론을 수강한 것은 작업에 큰 도움이 되었습니다. 미학을 공부하니 미술을 바라보는 눈이 훨씬 넓어졌습니다. 서예란 전통 필법에 얽매이다 보면 단조로움을 피할 수 없었습니다. 전통 서예를 공부하러 다니면서 글자를 이리저리 비틀어보려는 생각을 한 것은 순전히 미학을 공부한 덕입니다. 미학을 공부하면서 미를 보는 시선이 다양해졌습니다.

김양동 선생은 서예에 강한 색채가 들어가는 것은 반대했습니다. 실험

來討沙鷗約江岻木葉飛
園牧芳栗富蠠畢蝦禸肥
寒苗看山翠開樽對月輝
夜涼清不寐松露滴羅衣

江舍 _ 35*270cm

서예를 하는 분도 이러한데 하물며 전통 서예만을 하는 사람들이 나의 실험을 탐탁지 않게 보는 것은 당연하겠습니다. 그럼에도 불구하고 서예와 색채의 조합이 내 머리를 가득 채우고 있었습니다. 어릴 때부터 익숙한 색에 대한 감각을 서예에 담아보고 싶었습니다. 그때는 중국의 영향이었는지 한국 서예도 글자를 비틀어 그림의 형상으로 표현하는 것이 유행이었습니다. 그러나 나는 형상보다 색채에 더 마음이 이끌렸습니다.

　서예에 색채를 조합하여 관람자의 시선을 끌어내는 방법을 생각해보았습니다. 내가 둔해서 못 느낀 탓이지, 나의 그런 시도를 좋게 보지는 않았으리라 생각합니다. 서예가들이 어떤 생각을 할지는 염두에 두지 않았으므로 전통서예 교실에도 꾸준히 나갔습니다. 지금 생각해보면 이중적 사고를 한 것 같습니다. 전통서예의 필법에도 강력한 매력을 느껴 정통으로 배우고 싶었습니다. 초정서실에서 5체를 모두 건드렸습니다. 내 작품 속의 서예는 색채에 가려서 보이지 않아서인지 관람자들이 전통서예도 할 줄 아시네, 라며 놀라는 투의 말도 자주 들었습니다.

　졸업 전시회를 앞두고, 나만의 작품세계를 보여주어야 한다는 강박관념에 시달렸습니다. 그럴 실력이 없으니 자신감이 떨어졌습니다. 뒤로 미루고, 또 미루고 하느라 일 년의 시간이 지나갔습니다. 그때 생각해본 것 중에는 중국의 '학원파 서예'라는 것도 있었고, 일본의 '현대 서예'라는 것도 있었습니다. 한 번도 시도해보지 않았던 것이라 자신이 없었습니다. 마지막으로 결정한 것이 도판으로 구워서 글자를 탁본하는 형식이었습니다. 좋은 평을 듣지 못했고, 그 후로는 그런 류의 작품을 만들지 않았습니다.

  실험적 시도를 한 졸업 전시회가 좋은 평을 들은 것은 아닙니다. 그렇더라도 전시회를 일 년이나 미루면서 고심을 거듭한 것은 나름의 길을 모색하기 위한 과정이었습니다. 대학원 과정을 마치고, 전시회도 무사히 마쳤습니다. 전시회 이후로 한동안 조용한 시간을 보냈지만, 나의 길을 찾아 여기저기 헤맨 것은 사실입니다. 그때의 방황과 모색이 오늘의 나의 작품세계를 일궈냈다고 생각합니다. 현대 서예를 향한 나의 실험이 어떤 성과를 거두었다고는 보기는 어렵습니다. 그럼에도 불구하고 전통 서예를 벗어나서 새로운 길을 찾아야 한다는 생각을 굳힌 것은 나름대로 수확이라 하겠습니다.

2부

담미헌 일기

졸업 전시회가 끝난 후에는 별다른 활동을 하지 않았습니다. 대학원 졸업 후 몇 년은 내 서예 인생에서 중요한 일이 많이 일어났습니다. 돌이켜보니 졸업 전시회 이전과 이후는 큰 변화가 있었습니다. 미술 단체나 서예 단체에서 개최하는 전시회에 작품을 출품해 달라는 초청장이 왔습니다. 그전에는 꿈도 꾸지 못한 일이었습니다. 서예 화단에서 작가로서 인정받고, 내가 시도한 현대 서예를 어느 정도 인정받은 것 같아 흐뭇했습니다.

또 다른 변화라면 내 개인 연구실을 마련하여 '담미헌淡味軒'이라고 현판을 달았습니다. 방 이름을 고심하면서 좋은 말을 찾으려 고전을 뒤적거렸습니다. '중용 33장'에 나오는 '담미헌'이라는 말이 눈에 띄었습니다.

담미헌

  욕심이 없고 마음이 깨끗해서 싫증을 느끼지 않는다는 뜻입니다. 미세함도 뚜렷해진다는 것을 알아야 덕을 닦는 길로 들어설 수 있다는 의미입니다. 대체로 방이나 집의 이름을 붙일 때는 내가 이루지 못한 몸이므로 이루는 것을 목표로 짓습니다. 현판을 달고 살아온 지도 수십 년이 지났지만 아직도 덕을 이루기에는 까마득하게 멀기만 합니다.
  담미헌이 자리한 건물에는 '동양고전연구소'라는 간판을 걸고 한학을 공부하는 교실도 개설되어 있었습니다. 동양고전연구소에 공부하러 나오는 사람들의 한학 실력은 대단히 높았습니다. 나는 그들과 어울려 공부하면서 서예가라면, 특히 한문 서예를 하는 이라면 꼭 알아야 할 지식을 공부하였습니다. 행초 읽기 공부반도 있어서 거기에 적을 두고 다니기도 하였습니다. 아둔하여 머리에 별로 남아 있지 않지만 나를 지적으로 성장하게 해주었다고 믿습니다. 물을 그대로 흘려보내지만 콩나물은 자라듯이 말입니다.

왕철 선생이 돌아가시고 제자들이 '연락회'라는 모임을 만들어서 선생님을 기리는 전시회를 가졌습니다. 그때의 도록을 보니 1990년대였고, 4회나 지속하였습니다. 서가에 꽂힌 다른 도록도 펼쳐보니 미술 단체 전시회에 참여했던 흔적이 고스란히 기록으로 남아 있습니다. 이때부터 전시회에 작품을 출품하기 시작하였습니다.

2001년에 개최한 대구미술가협회전의 도록에도 내 이름이 있습니다. 75명 작가 중의 한 명이었을 뿐인데도 미술가로 인정을 받은 듯 기뻤습니다. 2002년 대구 여성작가 첫 초대전이 열렸고 내 작품도 전시했습니다. 단순히 회원으로서가 아니고, 초대를 받았다는 사실이 흐뭇했습니다.

그 초대전을 계기로 내 작업이 단순한 서예 연습에서 작품 제작이라는 한 단계 높은 활동으로 격상하였습니다. 새로 마련한 내 연구실인 담미헌에서 서예 작업을 하였습니다. 담미헌에서 작품을 하면서 작품의 폭을 넓혀보자는 생각을 하였습니다. 대학원 졸업 전시회에서 시도했던 것을 본격적으로 시도했습니다. 가까운 장르라서 손쉬울 것이라는 생각으로 사군자와 서예를 결합한 작품을 구상하였습니다. 사군자는 담채를 사용하기 때문에 서예 작품에 자연스레 색채가 들어가겠다 생각하였습니다. 서예에 어떻게 하면 색채를 도입할 수 있을까를 생각하고 또 생각했습니다. 색채가 있는 다른 장르의 작품과 서예를 조합하는 것이 나의 첫 시도였습니다.

그 시기에는 중국과 일본의 서예도 쉽게 만날 수 있었습니다. 그 영향으로 한국 서예계에도 새로운 시도의 바람이 불었습니다. 대표적인 운동이 '물파'라는 서예의 추상화를 시도하는 운동이었습니다. 나도 관심을 가졌지만 회의가 들었습니다. 서예의 본질은 '상형'인데 추상으로서는 서예의 본질을 포기하는 것이라는 생각이 들었습니다. 몇 번 시도는 하였지만 이내 손을 뗐습니다. 지금 생각해도 상형의 본질을 지킨 것은 잘한 선택이라 여깁니다.

나의 성장에 도움을 준 모임은 '여성 초대작가회'입니다. 대구에서 권위 있는 공모전으로는 대구시전, 경북도전, 신라미술대전, 매일서예대전 등이 있습니다. 이런 공모전에서 초대작가가 된 여성 작가들의 모임에 참여했습니다. 매년 전시회를 가지므로 꾸준히 작품을 출품하였습니다. 대구에서 서예작가로서 예우받는 계기가 되었습니다.

2003년 10월에는 계명대학교 예술대학원에서 서예를 전공한 이들이 모여서 내가 제안한 '예묵회'로 명칭을 정하고 창립전을 가졌습니다. 예묵회 회원들은 대학에서 정식으로 서예를 공부하였다는 것에 강한 자부심을 가졌습니다. 회장인 사공홍주 선생이 쓴 인사말을 보면 서예를 전공한 대학원 졸업생이 30명이었고, 한국 서단을 이끌고 나갈 방향을 모색한다는 강한 의지를 표명하였습니다. 말하자면 예묵회 회원들은 취미로 서예를 하는 이들이 아니라는 것입니다. 한국 서단을 이끌고 나가겠다는 의지를 가진 전문 서예인 단체라고 공표하였습니다. 거기에 내 이름도 있다는 것이 자랑스럽습니다. 이것이 발판이 되어서 여성 중진 작가 5인 초대전은 나에게 서예인의 자부심을 심어 주었습니다. 내가 성장하였음을 공식적으로 인정받았다고 느꼈습니다.

'담미헌'이라는 연구실을 마련한 것도 이와 같은 나의 자부심이 만든 결과였습니다. 이후의 내 작품활동은 대부분 담미헌에서 이뤄냈습니다.

졸업 전시회 이후의 2000년대를 어영부영 보냈다 싶었는데…. 대학원을 졸업하고 긴장의 끈이 풀린 탓이었을 것입니다. 그러나 지금 '담미헌 일기'를 쓰면서 그때야말로 내가 성장하고 발전한 시기라 생각합니다.

담미헌에 관한 글을 쓰니 졸업 전시회 이전과 이후의 내 서예 인생은 획을 긋듯 달라 보입니다. 전시회 이후의 내 서예인생을 담미헌에서 꾸려갔습니다. 내 서예 인생을 계속하여 말하려면, 앞으로도 담미헌 이야기가 많을 것 같습니다.

행·초서를 공부하면서

　서예가 예술이라면 5체 중에 어느 서체가 예술에 가장 가까울까요? 서예의 발달사를 보면 발생의 기원 자체가 예술로서가 아니고 실용성에 바탕을 두었습니다. 문자는 의미 전달이 최우선입니다. 의미 전달을 분명히 하려다 보니 글쓰기의 법칙 즉 서법書法을 강조하였다. 서법에 맞추어 글을 쓰려면 많은 시간이 소요되므로 실용성이 떨어집니다. 시간을 단축하려는 목적으로 글씨 쓰는 법칙을 느슨하게 풀어주면서 전서에서 예서로 나아갑니다.

　법칙을 강조하면 쓰는 사람의 감정이 글씨에 반영될 여지가 줄어듭니다. 글씨를 쓴다는 것은 법칙에 맞게 쓴다는 것이고, 결국 기능의 범주 안에 갇히게 됩니다. 기능이 강조되면 예술성을 평가하기가 애매합니다. 그러나 유용성 이론에 의하면 글씨가 실생활에 유용하다면 아름답다는 미적 범주로 나아갈 수도 있다고 주장합니다.

예술이라고 할 때는 작가 개인의 감정이 많이 투영됩니다. 중국 미학에서는 운(韻: 氣韻生動)이라고 합니다. 행·초가 나타나는 남·북조 시대의 서예를 한마디로 요약하여 진상운晉尚韻이라 했습니다. 행·초는 작가의 흥취와 감흥이 많이 들어가기 때문에 감정의 표현(韻)을 중시했습니다. 이런 이유로 행서를 쓴 왕희지를 서성書聖이라면서 높이 평가했습니다. 왕희지, 왕헌지 부자가 서예사에 이름을 남기는 이유가 서예를 예술의 차원으로 승격한 까닭입니다. 오늘날의 행초의 문제점은 글을 읽을 수 있는 사람이 얼마나 될까, 라는 것입니다. 의미 전달도 안 되는 행초 작품 앞에서 관람자가 얼마나 감동을 할까요. 행초를 써보니 예서나 해서보다는 필법이 훨씬 자유롭습니다. 어느 정도는 작가의 개성이 반영될 여지가 있습니다. 이런 이유로 나는 행·초를 즐겨 쓰고 있습니다. 관람자도 읽을 수 없는 글씨를 쓰면서 필획의 자유로운 표현만으로 감흥을 느낄 수가 있을까, 라는 회의가 떠나지 않는 것도 사실입니다. 한자가 생활을 지배하고 한자에서 의미를 전달받는 것이 어렵지 않았던 시대와 지금은 다른 시대이니까요.

서예를 예술의 관점에서 관람을 한다면 서예도 시대의 변화에 맞게 바뀌어야 하지 않을까요. 나는 어느 시점부터 이 문제에 매달렸습니다. 그러나 쉽게 길을 찾지 못하고 이런저런 시도를 해보기도 했습니다. 지금까지 내가 고민하였던 사실을 되돌려 보면 글씨라는 범주에서 벗어나지

赤壁賦 _ 560*35cm

못했습니다. 서예도 글자의 형태 즉 조형미로서 아름다움을 찾을 수 없을까, 라는 고민이었습니다.

　세월은 흘렀고 그럭저럭 서예의 5체도 조금씩 시도해 보았습니다. 실험적 시도를 몇 번 했으나 내 생각은 서예라는 울타리를 뛰어넘지 못했습니다. 중국이나 일본에서 하고 있다는 현대 서예라는 것을 곁눈질해보는 정도였습니다. 서법의 법칙을 벗어나 글씨를 비틀어서 써보지만 아직도 이런 고민은 진행 중입니다.

조형미를 찾아서

　우리나라에서 서예라는 장르의 명칭을 두고 혼란이 있었던 것도 사실입니다. 중국에서는 서법書法이라고 칭합니다. 서법이라는 명칭이 의미하는 것은 뜻 전달을 목적으로 하는 글씨를 필법에 맞도록 정확하게 쓰자는 말입니다. 한국의 전통 서예는 역사적으로 서법론이 큰 흐름을 이루어왔습니다.

　일제강점기를 거치면서 서도書道라는 명칭이 일반화되었습니다. 도道란 마음 수양이라는 뜻이 강합니다. 그러나 도는 일본 문화의 요소가 스민 용어입니다. 광복 이후에 일본의 영향에서 벗어나야겠다는 의지의 발로인지, 한국 서법의 독창성을 강조하려는 이유인지는 모르지만 서예書藝라고 명칭을 바꾸었습니다. 문자의 개념에서 예술의 개념으로 바꾼 것입니다. 전통 서예의 서법론이 긴 역사성을 지닌 데 비하여, 서예론은 역사가 짧을뿐더러 명확한 개념도 확립하지 못하였습니다.

서예론을 정립하기 위해서는 '미적 표현'이 필수 조건입니다. 이때 서예론이 내세우는 이론적 토대가 조형미입니다. 글자의 형태에서 아름다움을 구축하자는 것입니다. 한때는 서예인들이 입을 모아서 조형미를 강조하였는데, 조형미란 글자를 변형하여 형태에서 아름다움을 찾자는 것입니다. 내가 붓을 쥐었을 때 가장 많이 들었던 말이기도 합니다. 그러나 서법론을 강하게 주장하는 사람들도 많았습니다. 글자를 비틀면 서법에 어긋나기 때문에 안 된다는 것이 서법론자의 주장입니다. 서법론과 서예론 사이에 극심한 논쟁이 일어났습니다.

담미헌 서실에서 내가 실험적으로 시도한 작품도 글자의 형태에서 아름다움을 찾아보자는 것이었습니다. 중국의 서법에서 5체 이전의 문자인 갑골문과 금문에는 아직도 물체의 형상이 남아 있습니다. 나는 갑골문과 금문에 형상의 잔상이 남았다는데 착안하여 형상으로 미적 형태를 만들어 보려고 했습니다. 조형미를 찾자는 시도였습니다.

갑골문은 문자의 형태를 갖추면서도 그림의 일면도 보여줍니다. 갑골문을 그림으로 환원하여 표현하려 해도 재능이 따라주지 못했습니다. 그래서 비뚤비뚤하고 크기가 다른 갑골문의 크기도 통일하고, 형태도 사각형이 되도록 하였더니 그림보다는 문자에 더 가까웠습니다. 갑골문 다음에 나타난 금문은 전서로 분류하기도 하지만 갑골문의 흔적이 남아 있습니다. 금문도 갑골문처럼 써 보았습니다. 그랬더니 문자의 형태에 훨씬 더 가까워졌습니다. 이렇게 바꾸었다고 하여 조형미를 드러냈다고 할 수 있을까요? 글자의 일정한 형태와 규칙성은 아무래도 서법에 더 가까워 보였습니다.

예술이라면 규칙성보다는 작가의 감정이 더 강하게 표현되어야 하는데 여기까지가 서예의 한계인지도 모릅니다. 실험적인 시도가 만족을 주지는 못하였습니다. 뿐만 아니라 어떤 길이 보이는 것도 아닙니다. 그래도 나의 도전은 멈추지 않을 겁니다.

小樹令名老有明德 _ 35*70cm

대형 작품에 도전하다

　대학원을 졸업하면서 새천년 2000년대를 맞이하였습니다. 나의 서예 인생사를 되돌아보면 2000년대 초반은 비교적 조용했던 시기처럼 보입니다. 그러나 내면을 들여다보면 꼭 그렇지만도 않았습니다. 서울에 도제 교육을 받으러 다니면서 국전에 대한 미련도 남아 있었고, 대학원을 다니면서 느꼈던 서예의 예술성에 대한 고민이 깊어 갔던 시기입니다. 서예에 예술성을 도입하려면 기존의 서예는 버려야 한다는 상반된 생각이 내면에 갈등을 유발했습니다.

　당시에는 서예계의 개혁을 부르짖는 소리도 있었습니다. 새로운 서예 이론을 주창하는 이들도 있었으나, 그런 주장이 메아리도 없이 사라져버린 것 같아 아쉽습니다. 재일 화가 이우환이 주장한 '물파 이론'이라는 것이 있었습니다. 대상에 최소한의 인공적 가공만 하자는 주장으로 미니멀리즘의 하나입니다. 그의 전시회에 가보니 커다란 화강암을 하나도 가공하지 않고서 작품이라고 팻말을 붙여 놓았습니다. 서예계에서도 '일획주의'란 것을 주장하는 사람도 나왔습니다. 일획 즉 한일자 하나의 획에 우주가 들어 있다면서, 한 일 자로만 된 작품을 많이 발표했습니다.

서울미대 동양화과의 서세욱 교수는 동양화의 추상화라면서 선 하나를 그어놓고 작품이라면서 발표했습니다. '물파 운동'도 아마 그 영향을 받은 것 같습니다. 그러나 나는 생각이 달랐습니다. 서예의 역사를 따져보면 의미 전달이 최고의 가치였습니다. 더하여 미적 효과를 나타내면 금상첨화이겠지요. 그러나 일획으로 우주를 담아낼 수 있는지는 몰라도 무엇을 말하려는지 의미 파악이 어렵다는 것이 나의 생각이었습니다. 어떻게 하면 서예에 미적 효과를 넣을 수 있을까를 고심하면서 갈등도 겪었습니다.

해외여행을 갔을 때 호텔 로비의 벽 한 면을 가득 채운 벽화를 보았습니다. 색이 강렬한 것도 아니었고, 어지럽게 그어진 선들 이외에는 뚜렷한 형상도 없었습니다. 기억이 정확하지는 않지만 호안 미로의 작품인 듯싶었습니다. 나는 그 앞에 서서 무언가에 압도당하는 느낌을 받으면서 한참 서 있었습니다. 나를 압도하는 것은 거대함이었습니다. 거대함은 인간에게 숭고의 감정을 불러일으킨다고 한 숭고미를 느꼈습니다.

전시회 때 예서체의 한자로 2.8m×7.3m의 대형 작품을 만들었습니다. 반듯반듯한 예서를 질서정연하게 전개하여 지면을 가득 채웠습니다. 전시회장의 한 벽면을 전부 차지한 작품을 전시하였습니다. 보기에 따라서 한없이 단조롭고 무미건조하게 보이는 작품이었습니다. 대작을 만들어보고 싶었을 뿐이었습니다. 작품의 감상 효과까지 계산하고 만든 것은 아니었습니다. 그런데 나의 전시실을 방문해 준 대부분의 사람들이 그 작품 앞에서 오랫동안 서 있었습니다.

나는 사람들이 왜 그 작품 앞에 오랫동안 서 있는지가 궁금했습니다. 슬며시 다가가서 "이 작품이 어때서 오랫동안 서 있습니까?"라며 슬쩍 물어보았습니다. "글쎄요. 대단하네요. 왜인지는 나도 모르겠어요. 벽 한 면을 가득 매우고 있으니 숨이 막힐 것 같네요."라는 대답이 돌아왔습니다.

아마도 내가 여행에서 마주했던 호텔 대형벽화 앞에서 느낀 그 감정이

白樂天詩 琵琶行 _ 730*280cm

아니었을까 싶었습니다. 그렇다면 서예작품으로도 대형 건물의 벽면을 장식할 수 있겠다는 생각이 들었습니다. 서예작품을 장식용으로 만든다니, 거부감을 느낄 사람도 있을 것입니다. 나 같은 무명작가야 언감생심이지만 서예계의 대가들은 시도해 볼 만하지 않을까요. 물론 가만히 있는데 주문하러 오는 곳은 없습니다. 여기저기 로비를 하러 다니는 발품은 팔아야겠지요. 자존심이 조금 상하겠지만, 예술작품도 상품이니 어떻습니까?

 이후로 7, 8m 길이의 두루마리 작품은 만들어 보았지만, 벽면을 채우는 대형작품은 더 만들지 못하였습니다. 노역이라고 할 만큼 힘이 들었기 때문입니다. 그러나 서예도 벽면 장식이 가능하다는 생각은 유효했습니다. 서예작품도 상품성을 가지도록 서예인이 노력해야 한다고 믿습니다. 연예인들이 매니저를 두듯이 서예작품 판매를 전문으로 하는 기획사를 만들어 시장 개척을 시도해 보는 것은 어떨까요? 고객이 찾는 서예작품을 만들어 새로운 활로를 찾아보는 것도 좋을 것 같습니다.

경북대학교 평생교육원 서예 강사가 되다

　대학원에서 서예 전공으로 졸업을 한 후에 서예 지도를 해보고 싶었습니다. 마침 담미헌에서 가까운 동사무소에 서예 강사로 초빙되었습니다. 서예 인생에서 내게 글을 배우는 수강생을 처음으로 만났습니다. 그들은 국가에서 베푸는 문화사업의 혜택으로 서예를 배우러 나온 사람이었지만, 은퇴하고 노후를 보내는 방법으로 서예를 선택한 사람이 많았습니다. 그들은 진지했고 나도 첫 제자들이라 열심히 지도했습니다.

　2002년에 경북대학교 평생교육원에서 서예 강사를 모집한다는 공고를 보고 지원했더니 강사로 채용하겠다는 연락이 왔습니다. 그곳에는 평생교육원이 설립되기 이전부터 서예를 지도하는 본교 교수님이 있었습니다. 오랫동안 서예를 지도하였으므로 수강생이 많았습니다. 나는 한문 서예반을 따로 만들었는데, 열 명 이상의 수강생이 모여야 교실을 열 수 있다고 했습니다. 나에게 배우러 오는 사람이 있을까, 마음이 조마조마했으나 열한 명이 수강 신청을 했습니다. 서예 교실을 열고 정식으로 지도할 수 있게 되었습니다. 동사무소에서 배우던 몇 분이 나를 지원하러 따라왔다는 말에 무척 기뻤습니다. 그러나 교수님이 지도하는 교실을 함께 사용하라고 했습니다. 교실을 함께 사용하려니 교수님은 노골적으로 싫어하는 눈치였습니다.

　우여곡절 끝에 내 교실을 마련하고, 정식으로 서예 강사 자리를 얻었다 싶어서 열심히 강의했습니다. 규정상 강의 시간은 2시간이었으나 시간 안에 끝나는 일은 거의 없었습니다. 2002년에 시작하여 10여 년 세월이 흐르는 동안 수강생도 늘어났습니다. 2012년에는 28명이나 되었으므로, 체본을 쓰는데 4시간 이상이나 걸리는 일이 비일비재했습니다. 수업을 마치면 팔이 묵직하고 아팠습니다. 사무실 직원이 퇴근 시간이라면서 수업을 끝내라고 올라온 일도 많았습니다. 힘은 들었지만 제자들을 가르치는 보람에 뿌듯했습니다.

　나는 왕철 선생, 초정 선생, 그리고 서예과 대학원에서 체계적으로 공부했다는 자부심을 가지고 있었습니다. 나보다 앞서 교육원에서 한문 서예를 지도하시는 선생의 교육 방법이 체계가 없어 보였습니다. 실기이론에서도 자의적이다 싶어서 내 눈에는 차지 않았지만, 그분은 그분대로 나를 못마땅하게 보는 눈치였습니다. 내게 서예지도를 받은 수강생 다수

이조년 시조 _ 35*135cm   대구십경/ 서거정 시 _ 26*108cm

가 공모전에서 입·특선을 하여 나의 교수법에 자신감이 생겼습니다.

경북대 평생교육원에서 서예를 강의한 지도 10여 년의 세월이 흘렀습니다. 법대 교수가 평생교육원의 원장으로 부임했습니다. 신임 원장은 서예 교실을 확장했습니다. 한문 교실을 2개 반으로 확대하고, 사군자와 한글 서예 등도 신설하여 서예반은 다섯 반이 되었습니다. 새 강사를 채용한다면서 내게도 강사의 조건에 맞는 서류를 제출하라고 했습니다. 조건은 개인전 2회 이상과 대학원 이상의 학력 소지자였습니다. 나는 이미 개인전을 10여 회나 가졌고, 대학원에서 서예를 전공했습니다. 한문반이 두 반인데 지원자는 기존의 교육원 강사 2명이라고 하여, 강사직을 당연히 이어가리라고 생각했습니다. 서예 분야의 다섯 반에 지원한 강사도 5명이니 탈락은 꿈에도 생각하지 않았습니다. 그러나 결과는 나 혼자 강사 선정에서 탈락했습니다. 나를 못마땅하게 여기던 교수님이 혼자서 한문반 두 반을 지도한다고 했습니다.

나는 평생교육원의 결정을 아무리 이해하려 해도 상식적으로 납득할 수 없었습니다. 나보다도 나에게 지도받던 수강생들이 화를 냈습니다. 갑자기 지도 강사를 잃고 자기들은 어디서 공부를 하라는 말이냐면서 불만을 토로했습니다. 그들로부터 들은 이야기인데, 수강생 대표 몇 명이 원장도 찾아가고 총장도 찾아가서 항의했다고 했습니다. 총장은 평생교육원은 대학이 아닌 동창회에서 운영하여 모른다고 했고, 원장이었던 법대 교수는 한문반의 강사를 한 명으로 한 이유를 설명해달라고 하니, 설명은 하지 않고, 자신들이 한 일에 법적인 하자가 없다는 것만을 되풀이 말하더라고 했습니다. 세상은 공동선이라는 것이 있습니다. 법적 기준만 따지면 세상이 잘 돌아가는지 이해할 수가 없었습니다. 평생교육원에 서예 강사로 채용된 나머지 세 사람은 바로 수강생을 채우지 못해서 폐강했다고 합니다.

또다시 10년 가까이 흘러 이 글을 쓰는데, 텔레비전에서는 조국이라는 권력자가 권력을 이용하여 자녀들을 대학에 입학시켰습니다. 그의 부인이 잘못을 저질렀다고 징역형을 받았는데도 관행이라며 법적 하자가 없다는 말을 되풀이하던 모습이 새삼 나를 분노케 했습니다. 세상의 공동선을 어기고 법적 하자만 따지는 법대 교수라니, 대학교수라면 인격적으로 우월하다 믿고 존경해 왔던 나에게 이 사건은 상처가 되었습니다.

정식으로 서예 전공 대학원까지 졸업하고, 28명의 수강생을 지도한 사람을 밀쳐낸 이유가 무엇이었을까요. 법적 하자가 없다는 말만 할 뿐 납득할 수 있는 설명을 듣지 못한 것이 못내 아쉽습니다.

나는 담미헌으로 돌아왔습니다. 평생교육원에서 나의 지도를 받던 수강생 대부분(법대 교수 한 명 제외)이 담미헌으로 왔습니다. 나는 나를 따라온 수강생들이 고마웠습니다. 담미헌에서 그분들과 나의 서예 인생을 새롭게 시작했습니다. 나를 따라온 제자들은 공모전에 응모하여 명성을 얻겠다는 욕망도 없었고, 전시회를 하여 자신을 드러내고 싶어 하지도 않았습니다. 마음 수양이랄까, 노후를 윤택하게 하는 문화생활이랄까, 여유로운 마음으로 서예를 하면서 나와 수십 년 세월을 같이 보내고 있습니다. 나는 더러 공모전에도 출품하라고 권하고, 두 번의 회원전을 가지

긴 했지만 더 이상 욕심을 내지 않습니다. 무욕의 생활 태도에서 배우는 것이 많습니다. 경북대 평생교육원에서의 강사 생활보다는 지금이 오히려 더 값지고 행복합니다.

  나는 담미헌에서 그분들과 함께 서예를 하면서 일상의 행복을 누리고 있습니다. 내게 서예 지도를 받는 제자로 대하지 않고 서예 친구로 대합니다. 담미헌에서 그분들과 개인 인생사에서부터 세상 이야기까지 나누면서 노후를 즐겁게 살고 있습니다.

글자의 배경에 대해서

　서예는 지필묵紙筆墨, 즉 종이, 붓, 먹이 기본입니다. 일반적으로 용필과 용묵은 많이 거론하지만 글자의 배경이 되는 종이에 대해서는 거의 언급하지 않습니다. 종이 이외에도 비단이나 무명 등 여러 재료를 사용합니다. 작품에서 배면지는 중요한 역할을 하지 않는다고 생각하기 때문이 아닐까요. 서예 작품의 배면은 거의가 흰색이다 보니 중요하다고 생각하지 않았을지도 모릅니다. 흰색이 주는 깨끗함, 단백함, 신선함 등 여러 가지 감정을 느낄 수 있지만, 천편일률적이라서 단조롭다는 생각이 들었습니다. 나는 서예의 배면을 내 나름으로 변화를 주어서 또 다른 감정을 느끼게 하고 싶었습니다.
　먼저 시도한 것이 배면을 색면으로 분할하는 것이었습니다. 분할하는

夜景 _ 45*30cm

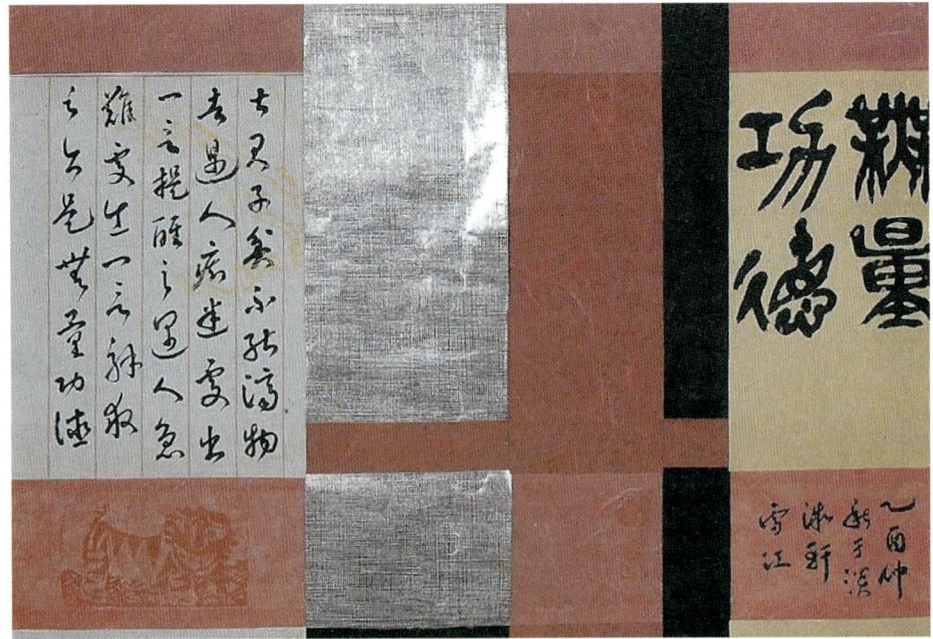

無景功德 _ 45*30cm

넓이도 다양하게 했습니다. 분할된 면에 서로 다른 색을 넣어보기도 했습니다. 작품 무량공덕無量功德은 배면을 종이, 은박지, 색지 등으로 조합하였습니다. 그때까지만 해도 글자 자체에 색을 사용한다는 생각은 하지 못했습니다. 굳이 색채를 사용한다면 금박을 사용하는 정도였습니다. 색채의 도입은 작품 제작을 할 때 작가의 개성을 담을 수 있어 긍정적인 면이 많다고 생각합니다.

이 시기에 불완전하나마 5체도 어느 정도 배웠습니다. 작품을 만들 때 어떤 서체를 쓸 것인가. 여러 서체를 조합해보면 어떨까. 배면지는 어떤 종류로 할까. 어떤 색을 넣어 볼까. 얼마의 크기로 분할해 볼까. 등등을 생각했습니다. 그랬더니 작품에 나의 개성이 들어갈 수 있는 여백이 훨씬 더 많아졌습니다.

외국의 현대서예도 참고하려 했고, 서양의 추상화도 눈여겨보았습니다. 몬드리안에서 잭슨 폴록까지 훑어보면서 서예에 적용할 수 있는 요소가 있을까 살펴보았습니다. 그들은 화면을 면으로 나누기도 하고, 여러 색채의 물감을 뿌리기도 하였습니다. 서양 추상화의 공통점이라면 화면에 빈틈을 주지 않는(all over painting) 점이었습니다.

화면을 색으로 빈틈없이 메운 서양의 그림이 강한 호기심을 불러왔지만 내 작품을 그렇게까지 할 용기는 없었습니다. 배면을 흰색으로 하는 전통서예를 고려하면 이런 생각 자체가 지나친 상상이었습니다. 서양의 그림이 관객의 감정을 자극하는 데는 색채의 효과가 크다고 보았습니다. 나는 중간색을 좋아하는 동양의 미학에 사로잡혀 있었으므로, 강렬한 색을 사용할 생각은 없었습니다. 그러나 내 머리에서 색채가 떠나지 않았습니다. 서예의 미를 조형미에서 추구하려는 경향이 강했지만, 조형미를 어떻게 표현할 것인가, 라는 문제에 이르면 어렵게 느껴졌습니다.

  작품 제작에 색채를 실제 응용하는 일은 어려웠습니다. 글자 자체에 색을 가미한다는 것은 서예의 본령과는 맞지 않다고 생각했습니다. 그즈음 옛 서책의 면을 배면지로 하여 글씨를 쓰는 작품이 발표되었습니다. 물론 서책의 면에는 한자가 있습니다. 그 한자를 흐릿하게 한다든지 다양한 시도가 있었습니다. 이런 작품도 나에게 자극을 주었습니다. 형태에서 색으로 변화를 추구하면서 배면지라도 변화를 시도해보자는 생각이 들었습니다. 배면지의 변화를 준 작품이 무량공덕과 야경입니다.

또 하나의 시도, 압화 배면

　서예에서 붓과 먹은 쉽게 바꿀 수 있는 요소가 아닙니다. 배면의 자료로는 종이가 대부분이지만 비단, 무명 등을 사용했고, 면 분할과 채색을 시도해 보았습니다. 글을 쓰는 종이를 색지로 하는 것은 전통 서예에서 흔하지는 않지만 더러 사용하기도 했습니다. 배면지에 실제의 물상을 붙이면 어떨까, 라는 생각을 했습니다. 서양 미술사를 공부하면 대상물을 그리는 대신에 실물을 직접 붙이는 작품도 있습니다. 피카소는 밧줄을 그려야 할 곳에 밧줄을 붙였는데, 콜라주 기법입니다.

　나는 글자의 조형미를 떠나서 지필묵 전체를 통합하여 하나의 작품으로 구상해보았습니다. 글자만이 아닌 어떤 대상물이 배면지에 나타나면 어떤 느낌과 효과를 거둘 수 있을까, 라는 상상에 도전했습니다. 배면지

金九容先生 詩句 _ 46*46cm

에 말린 꽃(압화)을 붙이고 그 위에 글을 쓴 종이를 다시 올려서 붙였습니다. 압화는 글씨의 배경은 될 수 있어도 배면지는 될 수 없습니다. 배면지를 색상으로 분할하고, 그 위에 글씨를 쓴 것과는 느낌이 완전히 달랐습니다. 말린 꽃잎이 눈에 강하게 들어왔고, 글씨도 자극을 주었습니다. 글씨와 압화가 하나의 형체를 만들었습니다.

  서예 작품을 감상할 때는 일반적으로 배면지에는 크게 관심을 두지 않

劉言史詩 _ 46*46cm

습니다. 내가 시도한 이런 작품은 배면지의 압화가 작품의 한 요소로 강하게 작용하였습니다. 그러려면 압화와 글씨가 통일감을 주는 어떤 고리가 있어야 합니다. 나의 의도가 작품에 살아났는지는 모르지만 색다른 시도에 스스로 만족했습니다. 배면지에 붙여 둔 꽃이 관람자의 눈길을 끈 것은 분명했습니다. 전시회는 서예 전시회였으므로 글씨가 감상의 중심이 될 수밖에 없습니다. 배면지의 꽃이 너무 강렬하여 관람자의 시선을 그곳으로만 끈다면 서예작품으로는 중심을 빼앗기는 것입니다. 어쨌든 화면 전체를 하나로 아우르는 효과를 보여주었습니다. 서예인들은 눈길이 글씨에 머무르지 않는다면서 나의 실험을 좋게 보지는 않았습니다. 그때는 예술 전반에 민속적인 것이 인기를 끌었습니다. 서예 작품에 목판 인쇄한 옛 책장을 사용하여 옛 글씨가 배면에 희미하게 보이도록 하는 작품도 유행했습니다. 나는 서예 작품의 천편일률적인 양식에서 벗어나서 다른 맛을 내어보자는 의도였습니다.

배면지에 붙인 압화는 꽃의 흔적으로서 고유한 색상을 가지고 있습니다. 뿐만 아니라 고유한 줄기와 잎, 꽃은 모양을 가지고 있습니다. 법첩대로 쓴 글씨와는 전혀 다른 아주 자연스러운 모양이고, 어떤 면에서는 무질서하기까지 합니다. 배면지로서 역할이 아니고, 압화의 개성이 강하게 드러났습니다. 압화를 배면지로 하는 작품 하나는 행·초의 글씨와 조합하고, 또 하나는 반듯하게 쓴 예서와 조합하였습니다. 그런데 무질서해 보이는 압화와 행·초서는 잘 어울렸으나, 무질서한 풀의 모양과 반듯반듯한 예서의 조합은 부자연스러웠습니다.

여기서 나는 새로운 아이디어가 떠올랐습니다. 배면지와 글씨를 분리하지 말고, 전체를 하나의 구도로 아울러서 통합시키는 작업을 하고 싶었습니다. 무엇을 가지고, 어떻게 표현하여, 어떻게 통합할까, 라는 전체 구상이 떠올랐습니다. 앞으로 작품 제작의 숙제로 남아 있습니다.

배지도 작품의 요소이다

　작가나 관람자가 서예 작품에서 서예의 글자 자체에만 관심을 집중하는 방식에서 벗어나고자 시도해 본 것이 배면지에 어떤 변화를 주어서 작품의 부분으로 끌어들이기였다.

　배면에 변화를 줄 수 있는 여러 방법을 찾아보았습니다. 먼저 배면지 자체에 변화를 주었습니다. 흰색 한지라는 단조로움에서 벗어나려 배면지를 베나, 비단 등으로 하는 것입니다. 이미 앞선 선대에서 여러 시도가 있었습니다. 다음은 색깔이었습니다. 종이에 글씨를 쓰더라도 종이의 색상에 따라 느낌이 달라질 것입니다. 이 점에 대해서는 앞의 '글자의 배경에 대하여'에서 이야기하였습니다. 그러나 나의 관심은 여전히 글자 자체였습니다. 글자의 변화를 꾀하는 방법을 찾기 위해 서양화의 추상화까지 눈여겨보았습니다.

배면지에서는 색채가 나의 관심을 붙잡았습니다. 형태보다는 색채가 사람의 감정을 움직인다고 하였습니다. 흰색인 한지에 먹의 농담으로 변화도 주어보았고, 글씨를 금분 또는 은분으로 써서 배면과 글자의 색이 조화를 이루도록 해 보았습니다. 배면지의 색과 글자의 색이 어떻게 조화하는지에 대한 실험이었지만, 어떤 결론을 얻은 것은 아닙니다. 그러나 먹과 흰색 배지만으로 된 서예 작품의 단순함에서 벗어나는 것은 분명했습니다.

그러다가 색채로서가 아닌 배면지 자체에 어떤 변화를 주면 어떨가 싶었습니다. 배면지가 서예 작품의 중요 요소로 받아들이는 것입니다. 앞서 배면지에 압화를 붙인다든지, 색을 준다든지 하는 시도를 했습니다만 배면지 자체를 작품에 통합시키자는 것은 또 다른 방법이라고 생각했습니다.

생각해 낸 것이 압침 같은 뽀족한 쇠침이나 쇠못으로 찔러 구멍을 내면서, 그 부위가 볼록하게 튀어나오도록 하는 방법입니다. 희미하게 자국만 남도록 했습니다. 또 종이에 철침을 찔러 변화를 주었습니다. 흔적처럼 보이도록 하여, 관람자가 배면이 이상하다 싶어서 유심히 들여다보는 방법입니다. 작품 앞에 서면 관람자의 눈에는 글씨는 선명하게 눈에 들어올 것입니다. 그러나 배면지에 어떤 흔적이 희미하게 보이면, 관람자가 한 발짝 다가가서 유심히 보도록 하는 방법입니다.

여기에 더하여 배면지는 흰색만이 아닌 다양한 색상을 넣습니다. 압침

이백시 _ 27*145cm

金鎭圭 夜景 _ 65*49cm

으로 자국을 만든 흔적에 그림이나 글씨와 조화를 이루는 색상을 넣거나 혹은 흔적을 낸 그림의 뒷면에 색종이나 불빛을 비추어서 봅니다. 이렇게 하는 것은 양식의 변화에서 의의를 찾는 것만이 아닙니다. 관람자가 지루함을 느끼지 않고, 스스로 오랫동안 작품 앞에 머물도록 유도하는 방법도 되지 않을까 싶습니다.

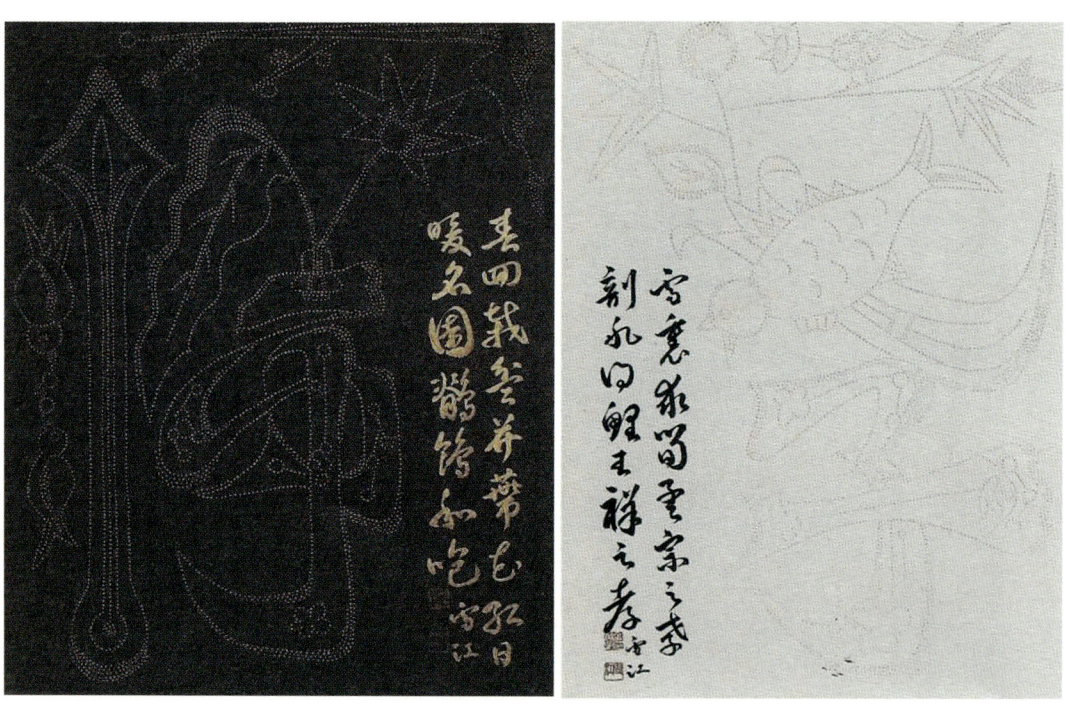

悌 _ 49*68cm   孝 _ 49*68cm

새로운 문자로 실험을 해보면서

　대학원 졸업 전시회 때 시도해 본 실험은 한문 문자를 대상으로 하였습니다. 한문의 조형미를 종이가 아닌 다른 매체를 가지고 표현해보고자 하는 것이었습니다. 다양한 문자를 가지고 실험을 해보는 것은 아니었습니다. 이 시기에 세계 미술사에 대해서도 관심을 가지면서 고대에는 각 문화권마다 자신들만의 문자 체계가 있다는 것을 알았습니다. 그리고 일본에서는 문자를 추상화하여 회화의 영역으로 가져갔습니다. 그러면서 문자와 색채의 조화를 모색하고 있었습니다. 중국 서예에서도 실험 단계였지만 색채를 도입하고 있었습니다.
　문자에 색채를 도입하는 작업에는 문자가 그림의 형태면 유리할 듯했습니다. 다른 문화권의 문자를 살펴보았습니다. 메소포타미아 문화는 쐐기 문자라서 쐐기 형상의 기호를 사용하였습니다. 미적 표현은 어려워 보였습니다. 이집트 문자는 실물의 형상이 많이 남아 있었습니다. 색채를 넣을 수 있었으나 붓으로 표현하기에는 어려워 보였습니다. 더구나 그들과는 문화 구조가 달라서 미적 표현에 자신이 서지 않았습니다. 한문에서는 실제 형상과 닮은 갑골문이 있지만, 아직 서예의 영역으로는 들어오지 않았습니다. 그래서 이집트 문자에 색을 입히는 실험은 아예 시도도 해보지 않았습니다.

몇 년이 흐른 20**년 대구에서 문화탐사팀이 마야문명을 찾아가는 길에 동참할 기회가 있었습니다. 처음부터 마야 문자를 염두에 두고 따라간 것은 아니었습니다. 현지에서 만난 마야 문자는 나에게 묘한 감흥을 일으켜주었습니다. 그림이랄 수도 없고, 그렇다고 기호의 조합인 전형적인 문자의 형태도 아니었습니다. 한 자 한 자가 사각형을 이루는 질서 있는 배열은 분명한데 획은 굵기가 서로 달랐습니다. 묘한 형태가 흥미를 돋우기는 하였지만 서예의 예술성 있는 문자로 표현하기에는 자신이 없었습니다. 그러나 어떤 방식으로든지 나의 작품에 도입하여 보여주고 싶었습니다.

졸업 전시회 때 배면지를 한지 대신 도예로 해 보았습니다. 기대에 미치지 못하여 더 이상 실험을 하지 않았습니다. 이번에는 글자의 배면에 마야 문자를 깔아놓고, 한문과 한글을 붓글씨로 표현하여 대비가 되도록 하면 어떤 느낌을 불러일으킬까 궁금했습니다. 그런 방식으로 작품을 만들어보고 싶었습니다.

마야文字 _ 60*38cm

　　마야 문자는 회화에서 문자로 바뀌는 과정에 있었습니다. 한문의 갑골문과는 또 다른 미감을 불러일으켰습니다. 그림에서 문자의 기호화가 일어나는 과정인 갑골문과는 전혀 다른 느낌이었습니다. 붓으로 표현할 방법을 찾아내지 못하였으므로 우선 배면지의 역할을 하도록 시도해 보았습니다. 알루미늄판에 마야문자의 형상을 그려 넣고, 표현은 날카로운 철침으로 획 부분을 찍어서 표현해 보았습니다. 붓으로 칠한 먹처럼 윤곽선이 선명하지 않으니까 배면지로서 손색이 없었습니다. 이것을 대형화하여 거실의 벽면을 채워도 되겠다는 생각이 들었습니다.

서예는 규범화되어서 작가가 자신의 개성을 드러내기는 어렵습니다. 한문 서예의 형태를, 획을, 마야 문자처럼 표현해보는 것도 재미가 있을 것으로 생각했습니다. 그러나 감상자들이 그런 작품을 미적으로 받아들이기는 어렵지 않을까 싶습니다. 익숙하지 않기 때문입니다. 그렇더라도 작가라면 관람자의 취향이 바뀌도록 꾸준히 작업을 할 인내심이 필요한데, 나는 자신이 없었습니다.

  실험으로 한 작품을 만들어서 전시회 때 걸어보았습니다. 관람자들은 아무런 관심도 보여주지 않았습니다. 그 후로는 그런 작품을 만들지 않았습니다. 오랜 세월이 지나갔지만 방식을 바꾸어 가면서 계속 실험해 볼 것을, 라는 미련을 가져봅니다.

대형 작품고 考

    대형으로 만든 서예 작품을 서예 세상 회원 작품방에 올렸더니 이외로 많은 조회 수가 있었습니다. 대형작품이 관심을 끄는구나, 라는 생각을 했습니다. 동양미술 분야에서는 대형작품이 있었지만 나로서는 흉내를 낼 수 없는 영역이었습니다. 거대한 글자의 작품도 있었고 돌에 새긴 작품도 있었습니다. 종이에 쓴 내 서예 작품과는 다르다고 보았지만 서예도 시도해 볼 가치가 있다고 생각하였습니다.

    나는 글자와 더불어 배면지도 작품 구성의 중요한 요소가 된다는 생각을 했습니다. 그래서 흰 종이가 아닌 배면지를 몇 번 시도해 보았습니다. 흰색만으로 된 배면지에 색상을 넣어 보기도 하고, 색 면으로 분할도 해 보았습니다. 왜냐하면 서예 작품의 대형화가 숭고의 감정을 일으킨다

하더라도 글자의 크기, 배치, 구성만으로는 단조롭게 느껴지기 때문입니다. 단조로우면 금방 싫증을 느낍니다.

　대형 작품을 만들 때도 배면에 색상을 넣으면 단조로움에서 벗어날 수 있을까, 라는 고민을 했습니다. 서예 세상 회원님들의 관심과 벽화 만들기의 여러 기법을 잘 조합하면 서예도 좋은 작품을 만들 수 있지 않을까요? 사극의 영화나 연속극을 보면서 옥좌의 뒤 벽면을 채우는 오봉일월도나 십장생도가 생각났습니다. 사대부의 방이나 다름없는 근정전에 강렬한 원색인 민화로 장식하였습니다. 거대한 병풍도 보았습니다. 시선을 강하게 끄는 것은 색이었고, 색상이 강한 민화가 그 자리에 있었습니다. 민화 이외에도 산수화를 비롯한 다양한 대형 그림 병풍이 있습니다. 서예도 색을 사용할 수 있으면, 서예도 대형화한다면 배경 그림으로도 좋겠다는 생각을 하였습니다.

　민화에 백화 수복 8폭짜리 거대한 병풍이 있습니다. 서예 글씨와 다른 점이라면 법첩에 따른 글씨가 아니라 그림처럼 도안을 한 글씨이고, 색으로 쓴 글씨라는 것입니다. 나는 색으로 쓴 글씨로는 거대한 병풍을 만들어보지 못했습니다. 대중에게 다가가는 작품을 만들려면 대중의 취향도 알아야 합니다. 대중은 수묵보다는 색채에 익숙하고 시선이 끌리는 것은 당연합니다. 감상자의 취향에 맞는 서예 작품을 만들어야 합니다. 가장 좋은 방법은 서예의 자존심도 지키면서 감상자가 다가오게 하는 것입니다. 이것은 서예인의 숙제라고 생각합니다.

　이렇게 하기 위해서는 서로 '타협'이 필요합니다. 나는 관객과 타협의

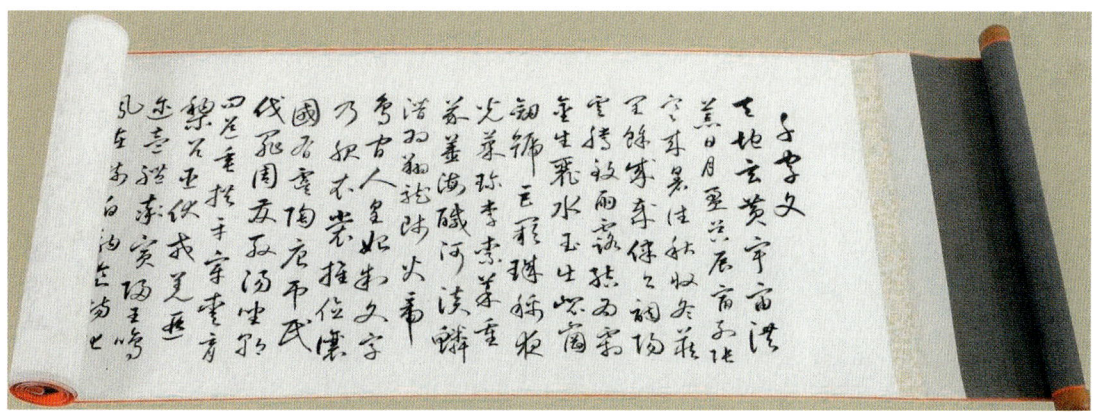

천자문 예서 _ 종이에 먹 _ 45*640cm

천자문 초서 _ 종이에 먹 _ 45*640cm

길을 찾으려 여기저기를 기웃거렸습니다. 이것도 건드려 보고, 저것도 건드려 보았습니다. 서예인들로부터 그렇게 하면 서예가 아니다, 라는 말도 들었습니다. 스승인 근원 선생조차도(나중에는 인정해 주셨지만) 강한 색의 사용을 반대했습니다. 색채를 좇다 보니 민화도 건드렸습니다. 서각 전시회에 들렀다가 문자의 조형미에서 서예 글씨는 각을 도저히 따를 수 없다고 느꼈습니다. 그래서 서각에도 손댔습니다. 최근에는 민화, 서각, 글씨를 조합한 작품도 발표했습니다. 그러다 보니 작품은 점차 전통 서예에서 멀어졌습니다. 서예가 아닌 작품을 함께 올린 이유는 눈길을 끄는 요소가 무엇인지를 생각해보자는 뜻입니다. 젊은 서예인의 도전이 필요합니다.

장식성이 강한 작품

　서예의 영역을 넓힐 수 없을까, 하는 고민에서 여러 시도를 했습니다. 족자, 액자, 두루마리, 주렴, 병풍 등 다양한 작품 양식이 왜 생겨났을까? 액자, 족자는 벽면이 작고 낮은 데 적합했고, 병풍은 방 안 공기가 썰렁하여 바람막이 역할이라는 실용성으로 적합합니다. 기둥이 외부에 노출된 사찰에는 주렴 양식이 맞는 것처럼.

　현대인은 거의 아파트에서 살고 있는데 가옥 구조가 한옥과는 완전히 다릅니다. 말하자면 족자, 액자, 병풍은 아파트 거실에는 어울리지 않습니다. 수요가 줄면 작품 제작도 줄어들고, 작품을 만드는 사람도 줄어듭니다. 가옥 구조의 변화와 생활 양식의 변화가 서예계에도 영향을 미쳤습니다. 서예인들이 사회 변화를 따라가지 못한 것입니다.

　서예가 쇠락하면서 그 자리를 서양화가 차지했습니다. 7, 80년대에 서

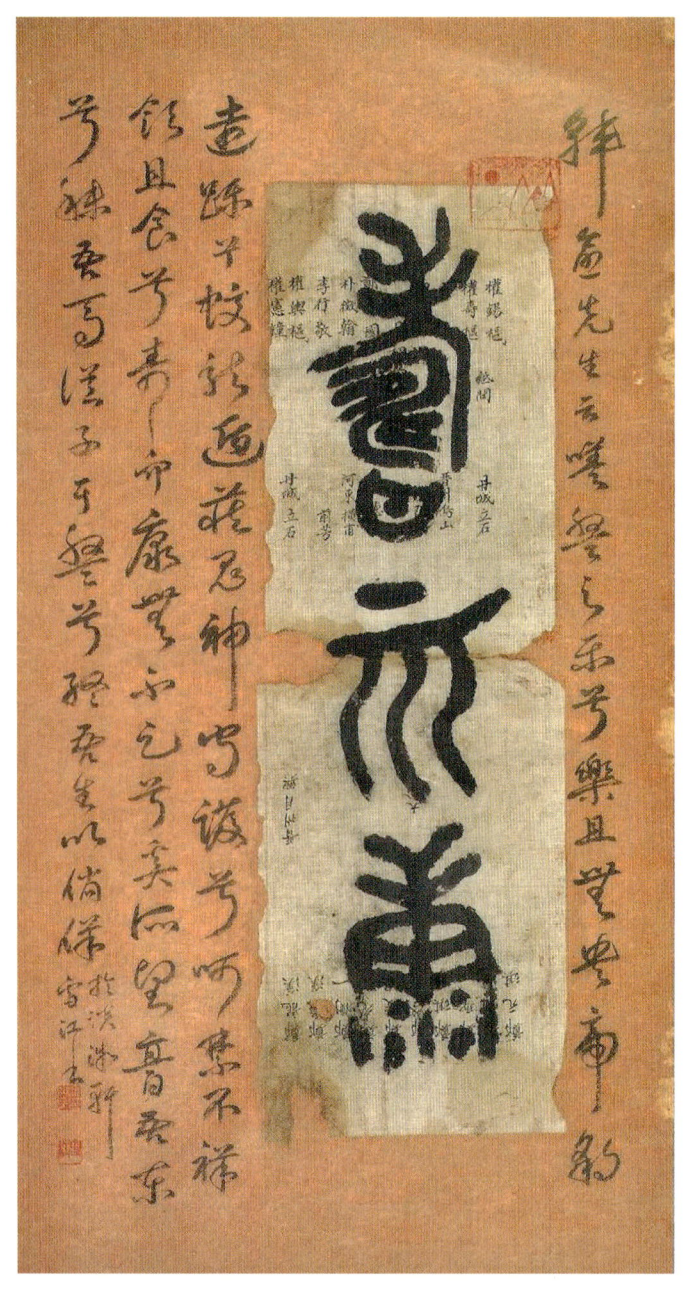

수이강壽而康/ 한유시韓愈詩 _ 고지, 감물들인 한지, 먹 _ 88*47cm

양화 붐이 일었습니다. 산업화가 진행되면서 아파트가 빠른 속도로 건설되었고, 아파트 거실의 벽에는 서예의 액자나 족자보다 화려한 색상의 서양화가 잘 어울렸습니다. 화려한 색상이란 강한 장식성을 의미합니다.

예전에 만든 작품을 뒤적이다가 눈길을 끄는 두 작품을 찾았습니다. 두 작품의 특징은 장식성이 강합니다. 당시 한국 미술계는 민속성이 강한 장식물을 덧붙이는 게 유행이었습니다. 그림에도 백자를 그려 넣고, 사군자의 매화나, 국화도 그려 넣었습니다. 서예에서는 배면지에 목판으로 찍은 옛 서적의 종이를 바르는 변화도 나타났습니다. 이런 것들은 근본적으로 서예의 글씨 자체를 죽이는 것은 아니었습니다.

나는 옛 글자가 회화성이 강하다고 생각하고, 한문 이외의 옛 글씨를 찾았습니다. 이집트의 파피루스 문자는 그림이 진했습니다. 그러다가 멕시코의 옛 문화인 마야 문화의 글자를 보고, 파피루스 문자나 마야 문자는 비슷한 형태의 그림이어서 배면으로 쓰면 벽지 문양처럼 효과가 나타날 것 같았습니다. 장식성으로 문자를 활용하여 벽지의 문양처럼 그림을 만들고 싶었습니다. 한문은 한쪽에 치우쳐서 쓰고, 나머지 부분은 마야글자를 문양처럼 연속 배치하여 연한 회백색으로 처리하였습니다. 작품은 소형이지만 이것을 대형화하면 거실의 벽면 하나를 채워도 되겠다는 생각이 들었습니다.

또 하나의 작품은 장식성이 강한 작품입니다. 그리지 않고 실물을 만들어서 붙여 보았습니다. 실제 크기가 아니고 소꿉놀이 물건처럼 작은 형태의 책장입니다. 일종의 콜라주입니다. 앞의 작품과 차이라면 색을 진하게

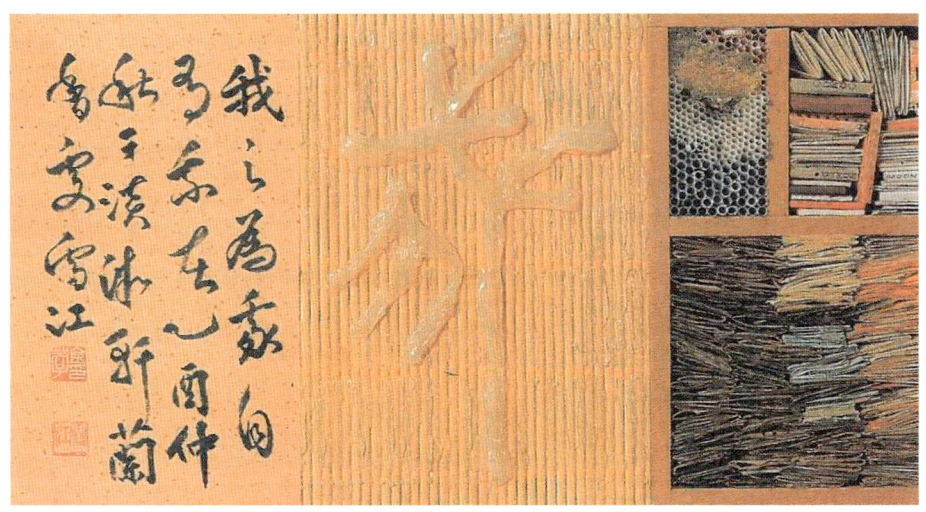

我 _ 32*60cm

하여 장식성이 강하도록 하였습니다. 이렇게 하고 보니 작품이 서예인지, 회화인지, 조각인지 애매해지지만 일부러 경계를 없애는 형식으로 만들어 보았습니다. 서예인이 서예만을 고집한다면 새로운 방향으로 나아가기가 어려워집니다. 사진은 지난날에 만든 실험 작품들이지만 더 시도하지 않았습니다. 또 다른 곳을 기웃거렸기 때문입니다.

  대다수 사람은 서예에 입문하여 의욕을 가지고 열심히 합니다. 10여 년쯤 하면 지루해 그만둡니다. 법첩에 맞게 쓰는 글씨를 한두 해가 아닌 10년, 20년을 반복하면 지루한 것은 당연합니다. 변화를 주면 지루함에서 탈출할 수 있지 않을까요. 젊은 서예가들이 실험적인 작품으로 눈을 돌려보면 할 수 있는 것들이 많습니다. 예술은 어차피 자신의 작품 세계를 가져야 살아남습니다. 지금이 새로운 시도를 하기에 좋은 시간입니다.

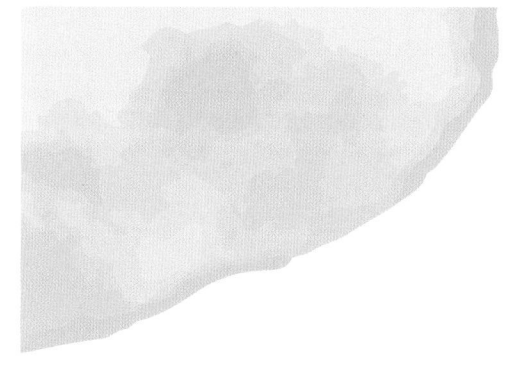

3부

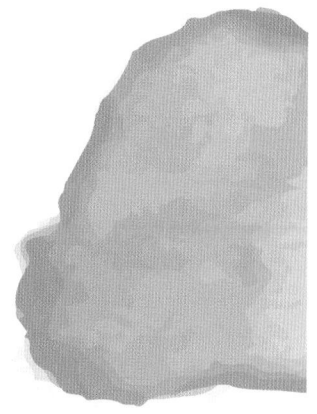

서각 전시장에서

문자를 다루는 예술 분야에서는 서예가 으뜸이라는 사고에 푹 빠져 있었습니다. 사군자도 서법의 용필법에 따르고, 글씨도 자필이어야 한다는 우월의식에 젖어 있었습니다. 나무에 글자를 파서 새기는 서각 분야에서 일하는 사람을 서각공이라고 부르면서 기능인으로만 생각했습니다. 서예인들이 그들을 낮추어 보는 이유 중의 하나는 글자를 다루는 직업인이면서도 남의 글을 받아서 나무를 파는 쟁이(장인)라는 것입니다. 그들의 세계에서도 자서자각自書自刻이라면서 자기 글을 판각하는 사람을 더 높이 생각하는 것 같았습니다.

대구에서 유장식이라는 서각가가 '현대서각'이라는 이름으로 전시회를 가졌습니다. 나는 전시장 안으로 들어서자 눈이 휘둥그레졌습니다.

내가 생각했던 서각과는 전혀 다른 모습이었습니다. 각자刻字라면 목판 인쇄용으로 판각한 반듯반듯한 글씨들, 누각이나 정자 벽에 붙어 있는 목판각의 글씨를 생각했습니다. 유학자나 시인들이 쓴 글을 판각한 글들이었습니다.

전시장의 서각 작품은 전혀 다른 모습이었습니다. 형태도 판각만이 아니고 기둥 형태도 있고, 비석 형태도 있고, 또 조각처럼 보이는 것도 있었습니다. 작품의 크기도 다양했습니다. 나의 눈을 끈 것은 판각한 글씨의 형태였습니다. 서법의 법칙이라고는 전혀 따르지 않고 작가가 멋대로 만들어 낸 형태의 글자였습니다. 서예의 관점에서 보면 법첩에 어긋난 엉터리 글씨입니다. 서예인이 서예가 예술이라면서 입이 닳도록 주장하는 말이 '조형미'입니다. 그러나 서각이 만들어낸 글씨의 조형미는 서예 작품의 조형미를 훌쩍 뛰어넘었습니다.

큰 충격을 받았습니다. 서각에서 자서자각自書自刻이라는 말을 재해석해 보았습니다. 서각인이 글자를 자기 손으로 쓴다는 뜻을 뛰어넘어 자신의 손으로 아름다움이 느껴지는 형태를 만든다는 뜻입니다. 손에 익힌 기능에 의한 법첩의 글씨가 아니고, 작가의 머리에서 만들어지는 창작으로서의 글씨인 것입니다.

다시 한 번 자서自書를 생각해 봅니다. 서각인이 미적으로 조형을 창작한 글씨의 형태라고 한다면 서각이 서예보다 예술에 더 가깝다고 생각했습니다. 자서란 손재주로 익힌 기예가 아니고 작가의 심안心眼으로 창작한 글씨가 아니겠습니까. 나는 현대 서각전에서 받았던 충격과 느낌을

起於累土 _ 나무, 아크릴물감 _ 15*85cm

서예에 적용할 수 없을까 생각했습니다. 서법에 맞지 않는 글씨를 내 멋대로 써볼까 하는 생각도 하였습니다.

　서각과 서예를 조합할 수 없을까, 조합을 하면 어떤 형태가 될까, 전통서예의 입장에서 보면 서예 작품이랄 수 없는 이상한 형태가 될지도 모르겠다 등 온갖 궁리들이 떠올랐다가 사라졌습니다. 그래도 시도를 해보고 싶었습니다. 서각 작품을 만들어서 서예의 배경으로 붙이면 어떨까, 라는 생각도 했습니다. 이미 실물을 그리지 않고 직접 붙이는 콜라주 작업을 해 본 경험이 있습니다. 압화도 사용했고, 색지로 만들어서 붙여보기도 하였으므로 낯설지만은 않았습니다.

　서각 작품을 만들 때는 서법의 법첩은 잊고 글자의 형태만 생각하였습니다. 행초처럼 만들어 보았고, 그림의 형태로도 만들어 보았습니다. 전통서예의 입장에서는 서예 작품이라기에 석연치 않은 부분도 있었습니다. 나무에 각자를 하면 나무의 색깔 때문에 각자의 형태가 잘 드러나지 않습니다. 그래서 색을 칠합니다. 색칠의 종류나 방법 등 여러 요인이 각자를 드러내는 데 중요한 역할을 합니다. 서각 작품을 만들 때는 색의 조합에도 신경을 썼습니다.

  이후로도 이런 실험적 작업을 계속하였습니다. 지금도 이런 작품을 만들고 있습니다. 작가로서 서각과 서예의 조합, 그리고 색의 사용, 나무의 선택까지 내가 결정합니다. 이와 같은 생각으로 만든 작품 '소꿉친구'를 내 친구가 좋다면서 가져갔습니다. 처음 시도해본 작품이라서 평가가 어떨까 싶었는데 내게는 큰 격려가 되었습니다.

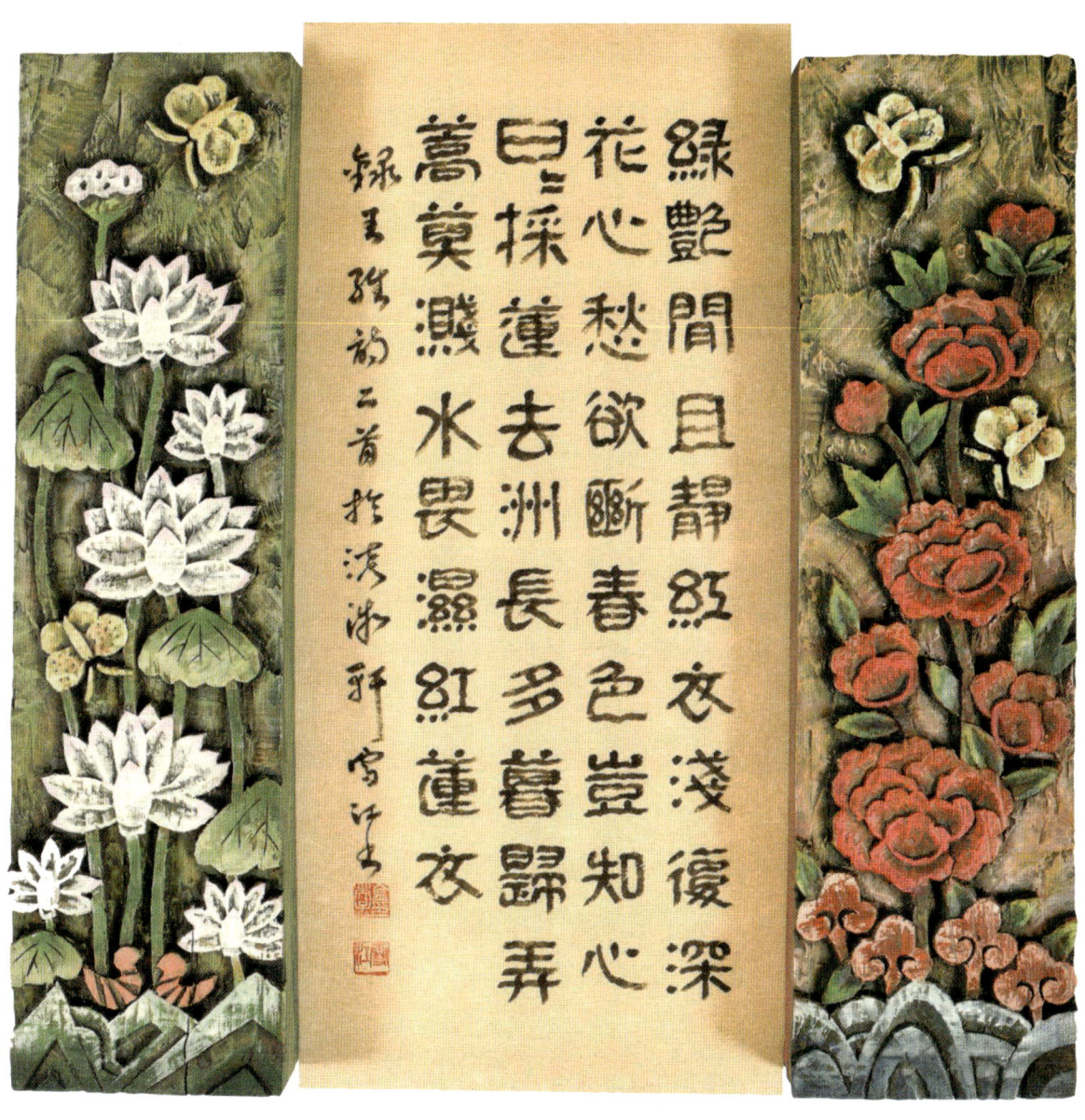

왕유의 이수 _ 한자, 은행나무, 먹, 채색 _ 53*58cm

민화에 빠져서

　이런저런 실험적 작품을 만들면서 색채를 사용한 서예 작품을 가장 해 보고 싶었습니다. 어릴 때 크레용으로 도화지에 그림을 그리던 기억 때문인지 모르겠습니다. 어느 날 민화 전시장을 찾아갔다가 깜짝 놀랐습니다. 분채를 사용한 전통 양식의 민화였고, 색상들이 진하고 화려했습니다. 민화도 양식화되어 있는 그림이다 보니 선명한 색상으로 인쇄를 한 듯이 보였습니다. 틀로 찍어 낸 듯 여백이 없는 그림보다는 미숙하더라도 작가의 재량이 들어간 그림이 더 좋습니다. 그 전시를 보기 전만 해도 서예와 민화를 조합해 보겠다는 생각은 하지 않았습니다. 민화의 진하고 밝은 색상의 유혹에 이끌렸습니다.
　민화를 배우려고 권정숙 선생님을 찾아갔습니다. 권 선생님은 분채를

吉祥雲集 _ 26*56cm

사용하여 전통 양식의 민화를 그리는 분이었습니다. 십장생도를 그린 어마어마하게 큰 병풍은 화려함과 선생님의 능숙한 솜씨가 어우러져 입을 다물지 못했습니다. 분채를 사용한 전통 민화는 화려함에 눈이 부셨지만 너무 양식화된 그림이라서 생기가 떨어지는 것 같았습니다.

 민화집을 찾아서 뒤적이다 보니까 그림의 질은 권정숙 선생의 작품보다 뒤떨어지지만 어린이 그림 같은 미숙함이 오히려 친숙하게 느껴지는 작품도 있었습니다. 마음을 흐뭇하게 했고, 웃음이 나오도록 했습니다. 그래, 바로 이것이다, 라며 무릎을 쳤습니다. 그림의 기초가 약한 나로서는 어설프게 보이는 민화에서 탈출구를 찾았는지 모르겠습니다.

 또 다른 선생님도 찾아가 민화를 배웠습니다. 그 선생님은 분채가 아닌 일반 물감을 사용함으로 색의 강렬한 맛은 떨어지지만 서민의 삶을 표현하기에는 더 적합해 보였습니다. 일반 물감으로 그린 그림은 웃음을 자아내게 한다든지, 낙천적인 분위기를 만들었습니다. 이런 그림이 더 좋았습니다. 일반 물감을 사용하는 또 다른 민화 선생님을 찾아가서 배웠습니다. 나에게 맞는 작품 양식을 찾기 위해서였지만 결과적으로 어느 한 선생님 밑에서 도제제도의 사승관계를 맺지는 않았습니다. 전통적 예술

소꿉친구 _ 한지, 은행나무, 먹, 채색 _ 44*80cm

수업 방식에 회의를 느끼던 중이라서 여러 선생 밑에서 공부하는 것이 더 좋았습니다.

지금도 민화를 배우고 있습니다. 화려한 분채를 사용한 전통적이고 양식적인 민화보다는 내 나름으로 그릴 수 있는 여유가 있는 민화를 더 좋아합니다. 내 서예 작품에도 이런 그림을 그리고 싶었습니다. 나는 동양화를 기초부터 배우지 못했습니다. 민화 화가처럼 민화의 기법을 터득하지도 못하였습니다. 전문 화가처럼 그릴 수 없다는 나의 약점은 오히려 나만의 체취를 담아내는 데 도움을 주었습니다. 민화에서 생중숙生中熟이라 하듯이, 미숙해 보이는 그림이라고 하여 뜻을 담지 못하는 것은 아니었습니다. 서예 작품의 깊은 의미와 결합만 잘 해내면 숙熟이 된다고 보았습니다. 그래서 서예와 민화를 어떻게 조합할까를 두고 아이디어를 짜내려고 하였습니다.

내 작품에 그려진 민화는 족보 없는 양식이다 보니 어느 선생님도 나를 제자로 보지 않습니다. 그간의 내 경험으로는 한국미술 분야에서는 사승관계가 주종관계를 형성하여 독립된 작품세계를 만들기 어려운 환경이었습니다. 나처럼 독창성을 추구하면 아류 작품이나 만든다고 폄훼했습니다. 그러나 내 멋으로 그리는 그림이 자유로우면서도 나의 체취를 풍긴다고 생각합니다.

이후로 만든 내 작품에는 서각과 민화가 상당히 중요한 요소가 되었습니다. 작품을 제작하기 위하여 아이디어를 짜낼 때도 서예 글자, 조형미 그리고 내용을 드러내기 위한 그림을 융합하는 쪽으로 방향을 잡았습니다. 이해할 수 없는 한문의 어려운 문구를 그림으로 형식의 작품을 만들었습니다. 한문 문장이 만들어 낸 분위기를 그림이나 서각으로 표현하는 일이 쉽지 않았습니다. 서로 다른 장르를 통합하는 방법은 이미지로 통일감을 주는 것인데 생각만큼 나와 주지 않았습니다. 고민이 깊어지면 왜 융합 작품을 만들려고 했을까, 하는 후회도 됩니다. 산고 없는 탄생이 없다고 믿고 또 도전합니다.

박생광 회화를 만나다

　2000년에 졸업 전시회를 가진 후에 나의 작품 세계를 어떻게 꾸려갈까를 두고 고심했습니다. 그 무렵이 내 서예 인생사에서 중요한 분기점입니다. 전통 서예로는 나만의 작품 세계를 펼쳐내기 어렵다고 느낀 것은 그때나 지금이나 같습니다. 기라성 같은 작가들이 있는 서예계에서 전통 작품으로 내가 살아남을 수 있을까, 라는 회의가 찾아왔습니다.

　그렇다면 내가 좋아하는 방식으로 작품을 만들어 보자는 생각을 했습니다. 그림으로, 색채 사용, 형상의 단순화 등이 내가 생각해낸 방식이었습니다. 그때 동양화가 박생광의 작품을 만났습니다. 박생광은 중앙 화단을 벗어나서 지방 도시 진주에서 작품 활동을 하였습니다. 말하자면 화단의 중앙 권력에는 끼어들지 못한 화가라는 뜻이기도 합니다. 역시

　지방 도시인 대구에서 활동하며 서예계의 중앙 세력과는 멀어져 있다고 생각하는 나 자신과 동류의식도 느껴졌습니다.
　박 화백은 전통적인 동양화에서는 기피하던 강렬하고 자극적인 원색을 사용하였습니다. 민화이기는 하지만 무속화 내지 불화에 가까웠습니다. '우리의 미'라는 것이 유행하였을 때 많은 한국화 화가들이 민화 쪽으로 눈을 돌렸습니다. 민화에서도 무속화는 잘 다루지 않았습니다. 박생광은 그 무속화를 작품에 가져왔습니다. 서예를 전공하고, 서예를 중심으로 작품을 만들고 있는 내가 파격적 소재의 도입을 주저하였던 이유는

일의향학 _ 무명천, 은행나무, 채색 _ 30*87cm

서예의 벽을 깰 수 있을까, 라는 회의 탓이었습니다. 박생광의 회화는 나에게 용기를 주었습니다. 나의 두려움을 어느 정도 씻어주었습니다.

그때 나는 민화에 관심이 있었습니다. 석채를 사용하여 화려하기 이를 데 없고, 극도로 양식화되어 있는 전통 민화에 약간의 거리를 두고 있던 나는 무속화를 도입한 박생광에게 매력을 느꼈습니다. 그때 이만익이라는 서양 화가의 작품도 만났습니다. 그림 그리기는 평소에 내가 공부하는 분야가 아니었으므로 자신이 없었다는 것이 바른 말일 것입니다. 형태의 단순화는 그림을 전공하지 않은 나로서는 관심이 끌렸습니다. 형태를 단순하게 그린 이만익의 회화가 나의 약점을 보완해주리라고 생각하였습니다. 그러나 움직임이 느껴지지 않는 모습은 조금 답답해 보였습니다.

 내가 나아가고 싶었던 작품세계가 희미하게 떠올랐습니다. 색을 도입한 민화 형식의 그림, 형태를 단순화하여 움직임이 없는 형태로 표현하고 싶었습니다. 그러나 내 어깨를 잡고 뒤로 잡아당기는 것은 내 작품은 어디까지나 서예의 틀 안에서 만들어야 한다는 관념이었습니다. 새로운 방향으로 나아가고 싶어도 그 자리에 머물고 있는 것은 그런 관념에서 벗어나지 못하였기 때문입니다. 내가 경험하였던, 또 실제로 만들어보기도 했던 분야는 서각과 민화였습니다. 서각의 바탕은 글씨입니다. 민화도 먹과 붓이라는 공통성이 있고, 우리의 정신세계라는 서예와 일맥상통하는 부분이 있습니다. 그렇다면 이 세 장르를 하나로 아울러서 작품을 만들어 볼 수는 있지 않을까, 라는 생각을 했습니다.

 서각은 글자의 형태를 마음껏 비틀어서 조형의 미를 추구할 수 있습니다. 그림은 이야기 즉 의미를 담고 있습니다. 한문의 어려운 글씨를 현대인이 읽지 못하면 아무런 의미도 없습니다. 그렇다면 조형미는 서각에서 구하고, 한문의 내용을 민화 형식의 그림을 통해서 뜻을 담으면 되겠다고 생각했습니다. 최근 내가 풀어내고 있는 작품세계는 바로 서각, 민화, 서예 글씨를 조합한 것입니다.

대구 중견 여성 작가 5인전

　대학원을 졸업하고 나서 내가 나아가야 할 방향을 잡지 못하고 방황하고 있었습니다. 그 무렵에 전통 서예와는 상당히 거리를 두고 실험적 작품이랍시고 전통에서 벗어난 작업을 하고 있었습니다. 그중에서도 색채를 도입하는 작품에 관심을 쏟고 있었습니다. 그렇다고 이것이 내가 갈 길이다, 라는 확고한 신념을 가진 것도 아니었습니다. 대구의 전통 서예계에서는 비켜나 있었으므로 서단에서는 무명 작가나 다름없다는 생각을 하고 있었습니다.

　대구 거주 여성 작가 중에 중견이라고 생각되는 5인을 선정하여 전시회를 계획한다는 연락이 왔습니다. 참여할 의사가 있느냐고 해서 깜짝 놀랐습니다. 내 자신을 한 번도 중견 작가라고 생각해 본 일이 없었습니다. 나를 초대한 이유가 5인으로 선정된 작가 중 한 사람이 전시 일자를 한 달 남겨놓고 못 하겠다는 통보를 해 왔다는 것입니다. 주최 측은 다른 작가를 물색하면서 여기저기 연락을 하였더니 한 달을 남겨두고 작품을 준비하는 것은 불가능하다면서 참여자가 없었다고 합니다. 그래서 내게까지 연락을 한 것이었습니다. 중견 5인에 들어가는 위치가 아닌데도 말입니다. 전시회라고는 졸업 전시회 한 번 한 것이 내 경력의 전부인데, 연락을 한 것을 보면 졸업 전시회가 좋은 인상을 주었나 봅니다.

 이런 기회가 내게 온 것은 행운이라 느꼈습니다. 전시회 제목에 '중견'이라는 수식어가 들어가니 나도 중견 작가의 예우를 받는다 싶어서 기분이 좋았습니다. 내막을 들여다보면 중견은커녕 대타로 참여하는 작가지만 나로서는 기회라고 생각했습니다. 만들어 둔 내 작품의 상당수는 전통 서예에서 벗어나 알록달록한 느낌을 주었습니다. 물론 전통 서예 작품도 있습니다.

 이 전시회 섭외가 내게 온 것을 행운이라고 생각한 이유가 있습니다. 만약 내 개인 전시회를 한다면 주변의 지인들 몇몇이 관람할 것입니다. 5인 전시회를 하니까 나를 제외한 다른 4인의 작품을 보려고 많은 사람이 찾아왔습니다. 정말 많은 사람이 찾아왔습니다. 4인은 서단의 중견 작가들이었고 제자들도 많았습니다. 뿐만 아니라 대구에서 서예 작업을 하시는 분이라면 전시 작가의 명성 때문에 인사치레로라도 전시회에 오기 때문입니다. 나의 전시실에도 많은 분들이 왔습니다. 내가 기대하지 않았던 많은 사람이, 대구에서는 이름이 꽤 알려진 서예인이 찾아왔습니다.

瞻慾大而心欲小 _ 한지, 아교, 석채, 나무, 아크릴물감 _ 52*32cm

수복 _ 소나무, 먹, 채색 _ 41*91cm

　나도 중진 4분의 전시실을 둘러보았습니다. 물론 그분들의 작품은 뛰어났습니다. 공통점이라면 모두 검은 먹색이라서 전시실이 어두워 보였습니다. 그러나 나의 전시실은 분위기가 달랐습니다. 들어서는 순간에 먹색이 아닌 다양한 색상이 눈길을 끌었습니다. 슬그머니 두려움이 생겼습니다. 관람자들이 내 작품을 어떻게 평가할까, 초등학생이 장난하듯이 만든 작품으로 평가하지 않을까, 라는 걱정이 피어올랐습니다.

　그러나 걱정과는 다르게 관람자의 반응이 괜찮았습니다. 자기네끼리 주고받는 대화를 엿들어보니 "이런 것도 괜찮네, 꼭 같은 먹색 일변도의 작품에서 이런 작품을 보니 신선한 느낌도 들어." 라든가 "서예계가 너무 매너리즘에 빠져 있는데, 이런 작품을 시도해보는 것도 괜찮을 것 같네." 등의 말은 내게 용기를 주었습니다. 대가대 교수는 작품이 좋다면서 이런 작품을 계속해보는 것이 좋을 것 같다는 조언도 해주었습니다. 용기가 났습니다. 물론 부정적인 시각도 있었습니다.

  중견작가 5인전을 하고 나서 내가 나아가야 할 방향을 정했습니다. 확신 없이 방황하던 진로를 결정하였습니다. 전통 서예와는 멀어진 마당에, 국전을 포기하다시피 한 마당에 이 길로 방향을 잡자는 생각을 하였습니다. 그 이후로는 한눈팔지 않고 이 길로만 달려왔습니다. 되돌아보니 대타 작가로 참여했던 중진 5인전은 내게 기회를 준 전시였습니다. 사람은 우연히 인생의 방향타를 정하는 계기가 찾아오나 봅니다.

  대구문화예술회관의 미술품 샵에서 내 작품을 팔아보겠다며 몇 점을 가져갔습니다. 그리고 얼마 뒤에 작품이 팔렸다면서 돈을 입금해 주었습니다. 거짓말 같은 일이 일어난 것입니다. 지금도 내 작품이 샵에 걸려 있습니다. 나의 도전과 실험이 인정받은 것 같아 흐뭇했습니다. 불안하게 시작한 나의 도전이 뿌리를 내린 기회였습니다.

백악 갤러리 전시회를 하면서

　졸업 전시회 이후 서예 잡지나 다른 문헌에서 소개하는 중국의 현대 서예를 만나고 있었습니다. 중국의 현대 서예가 중국 서예를 대표하는 것은 아니었습니다. 변화를 시도하고 있다는 점에서 나의 관심을 끌었던 것입니다. 그때 내가 공부한 바로는 중국에서 전통 서예가 문화혁명을 거치면서 거의 고사 지경에 이르렀고, 지방에서만 겨우 명맥을 유지한다는 사실이었습니다. 문화혁명이 끝나고 중국 서단을 지배하는 대표적인 서예 그룹이 나타나지 않았습니다. 현대 서예도 그런 면에서 중국 서예계의 주변부에 불과했습니다. 그 무렵 전통 서예를 하는 한국의 서예인이 중국과 교류를 한다면서 중국을 다녀오는 일이 많았습니다. 중국에서는 다양한 서예가 나타나서 서로 경쟁하고 있었지만, 한국에서는 전통 서예의 힘이 너무 강해 현대 서예가 발붙일 수가 없었습니다.

여기저기서 그룹전이다, 기획전이다 하면서 작품 출품을 의뢰해 오면 거기에 작품을 출품하는 것이 전부였습니다. 작품은 전시회의 성격을 감안하여 전통 서예에서 벗어나지 않는 작품을 출품하였습니다. 그러면서도 졸업 전시회에서 시도해보았던 실험 작품에 대한 관람자의 반응이 괜찮았다는 기억을 버릴 수가 없었습니다.

그 시기에 초대받은 전시회로는 물파 갤러리의 '신인 작가전'과 영진 갤러리의 '한중 국제 현대미술 교류전'이 있었습니다. 두 갤러리에서 내 작품을 초대한 이유가 내가 지향하는 서예의 현대화라는 방향과 맞았기 때문입니다. 물파 갤러리는 서예의 새로운 모색이라는 기치를 내걸고 개원한 갤러리이고, 영진 갤러리는 전시회 이름이 현대 미술 교류전이었기 때문입니다. 서단에 별 영향력이 없는 작은 갤러리의 전시회였지만 서예계에도 새로운 바람이 부는 신호처럼 보여 기대하였습니다.

2005년 12월에 대구 KBS 전시실에서 준비한 작품으로 개인 전시회를 하였습니다. 그때까지 내 작품을 초대한 전시회가 대구 지역을 벗어나지 않았습니다. 나의 실험적 시도에 대하여 대구가 아닌 다른 지역 서예인은 어떤 반응을 보일까 궁금하였습니다. 이왕이면 서울에서도 전시회를 하여서 중앙 서단에 나의 실험적인 시도를 알리고 싶었습니다. 또 서울 서단의 반응도 궁금하였습니다.

2006년 1월에는 서울 인사동 백악 갤러리에서 개인전을 가졌습니다. 백악 갤러리에 전시한 작품은 대부분 대구에서 전시하였던 작품들이었습니다. 서울에서는 어떻게 평가할까가 궁금하였습니다. 낯선 서울에서 전시회를 가지기로 용기를 낸 또 하나의 이유는 내가 초정서실에서 공부했고, 적어도 초정서실 회원님들은 관람을 해 주리라는 기대가 있었기 때문입니다. 그들은 내 작품을 두고 어떻게 평가할까, 좋은 평을 해주리라는 기대도 은근히 가져 보았습니다.

나는 백악 갤러리의 전시회에 많은 힘을 쏟았습니다. 나에게는 여러 면에서 의미가 있었기 때문입니다. 서울에서 처음으로 개인전을 가진다는 것과 서울의 서예인들이 나의 실험작품에 어떤 반응을 보일까, 또 스승

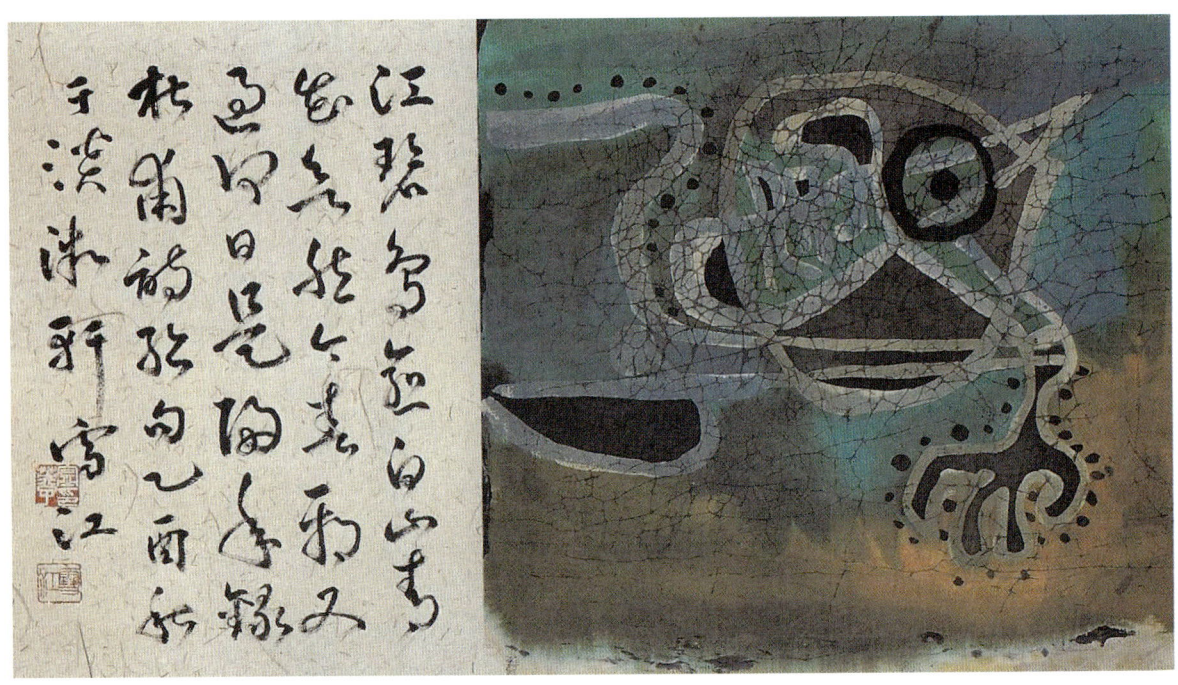

杜甫詩 _ 무명천, 먹, 아크릴물감 _ 70*45cm

山居(李仁老詩) _ 50*45cm

이신 초정 선생은 무어라 하실까 등 복합적 기대와 걱정을 가지고 서울 전시회를 기획했습니다. 전시회 전에 초정 선생에게 미리 작품을 보여드렸더니 나의 실험 작품에 대해서 마뜩찮아하셨습니다. 그러나 서실 회원들은 어떤 반응을 보일지가 궁금하였습니다. 다음 세대의 작가들인 서실 회원들에게는 조금 기대하고 있었습니다.

　서실 회원들의 반응은 나의 기대와는 달랐습니다. 달랐다기보다는 무관심하였다고 하는 것이 정확한 표현 같습니다. 어쨌거나 전시회를 개장하는 날에는 초정 선생이 오셔서 축하의 말씀도 주셨고, 많은 회원이 찾아와서 관람을 해주었습니다. 회원들의 반응을 읽어낼 수 없을 만큼 그들은 무덤덤한 표정이었습니다. 그리고 인사치레로 축하한다는 말을 할 뿐 나의 실험작품에 대한 평가의 말은 아꼈습니다. 서실 회원이 아닌 낯선 관람객이 간혹 관심을 보이기는 하였으나 대부분이 서예를 하는 사람이 아니었습니다.

　서울의 백악 갤러리 개인전을 준비하면서 전통 서예 작품을 같이 전시한 이유도 이와 같은 우려 때문이었습니다. 비록 적은 수의 작품이지만 심혈을 기울여 만든 작품은 실험적인 작품이었습니다. 솜씨나 기량이 모자라서 현대 서예니, 학원파 서예니 하는 이름을 붙일 수가 없어서 그냥 실험 작품이라고 칭하였습니다. 그때의 작품을 실험 작품이라고 하였으나 전통 서예에서 크게 벗어나지 않았습니다. 기억에 남는 일은 머리가 허연 할아버지들이 갤러리에 와서 내 작품의 한문 문장을 줄줄 읽으시고 해석하던 모습입니다. 한문으로 서예작품을 만들고 있던 나도 한문 문장을 그들처럼 술술 읽지 못하였습니다. 자전을 찾고 해설서를 뒤지고 다른 사람의 해설문을 참고하면서 문장을 읽었습니다.

  한문과 한참 거리가 먼 내가 한문으로 작품을 만드는 작업을 하다니, 라는 회의가 들었습니다. 한문으로 만드는 작품을 어떻게 표현해야 일반 대중도 쉽게 이해하고 감상할 수 있을까를 고민하였습니다. 뚜렷한 해결책이나 방법이 없어 여전히 한문 문장으로 작품을 만들었습니다. 작품에 그림을 도입하여 한문 문장의 뜻 읽기를 그림으로 표현하려 시도한 것은 그런 고민의 결과물이었습니다.

국전과 나

1990년대 후반기에 대학원을 다니면서 국전 출품 여부와 나만의 작품 세계를 구축해야 한다는 생각으로 고민과 갈등이 많았습니다. 그리고는 점차 국전과는 멀어졌습니다. 여러 해 전에 국전 심사일이 내일모레인데 나에게 언질을 해주는 사람이 있었습니다.

"이번에 아무개가 심사위원이 되었대."

내가 잘 아는 분이었습니다. 왜 내게 언질을 해주는지 그 의도를 알 것도 같았습니다. 국전을 포기한 지가 까마득한데 약간의 고민을 했으나 결국 출품을 포기했습니다. 1980년대 말에 한국미협이 주도하는 국전이 많은 부조리를 양산한다며 일부 서예인들이 새로운 단체를 만들었습니다. 한국서예인협회입니다. 지역의 서예인들이 국전에서 소외당한다는

애 | 한지, 먹, 채색 | 100*40cm

피해의식이 많았으므로 대구의 많은 서예인이 가입했습니다. 내게도 가입하라는 권유가 많았습니다. 그러나 나는 국전을 장악한 계열인 초정서실에 다니고 있었으므로 거절했습니다.

　미협을 강력히 비난하고 뛰쳐나갔던 서협의 공모전에서 1993년에 대형 사고가 터졌습니다. 1993년 7월 27일에 서협 공모전에 누군가 대필한 작품을 출품했고, 돈을 주고 입상한 사실이 적발되었습니다. 서협 이사장, 부이사장, 이사를 포함하여 17명이 구속된 사건이었습니다. 미협의

공모전에서 특정 계파가 입·특선자를 독점하여 비리가 있으리라는 추측은 난무했지만 겉으로 드러난 일은 없었습니다. 초기 국전에서 부조리가 입방아에 오를 때도 사승관계의 계파에 따른 당선작 선정이 문제였지 금전적 비리는 말하지 않았습니다. 그래서 국전에 뜻을 가진 서예인들은 국전을 장악한 계파의 실력 있는 서예인 밑으로 모여들었습니다. 내가 초정서실에 들어갔을 때 나더러 축하한다는 사람도 있었습니다. 그때는 그 말이 무슨 뜻인지 알지 못했습니다. 그러나 머지않아 묘한 뉘앙스를

무無 | 종이에 먹, 채색 서각 | 85*190cm

풍기는 축하 말이란 것을 알았습니다.

　서협 사건이 터졌을 때 서실에 공부하러 갔더니 웅성웅성하면서 초조해하는 분위기가 피부로 느껴졌습니다. 언론에서 이번 일을 계기로 국전까지 전반적인 내사가 있으리라는 보도가 있었던 모양이었습니다. 그러나 나는 서실 분위기가 조금 이상하다고만 느꼈을 뿐이었습니다. 이후로도 초정서실과는 무관하게 국전 공모전에 작품을 출품하였습니다.

　운 좋게 국전에 입선하였으나 초정서실의 자축연에 나를 불러주지 않았던 적이 있습니다. 한번은 초정서실의 입·특선자 자축연에 나를 불러주었습니다. 그 후로 다시 불러주지 않았고, 번번이 국전에 낙선하여 실망이 쌓였습니다. 그런데 내가 작품 출품을 하였다는 사실을 확인하고는 누가 심사위원이 되었다는 정보를 흘려주었습니다. 또 고민에 빠졌습니다. 작가는 작품으로 말해야지 공모전 입상으로 말하는 것이 아니다, 라고 생각하였습니다. 국전에 거듭 떨어지니까 자격지심으로 하는 소리였는지도 모릅니다. 정보를 얻고도 모른 척하였더니 역시 낙선이었습니다. 솔직히 언질을 받았을 때 갈등이 없었던 것은 아닙니다. 결국은 국전에서 발을 빼기로 작정했습니다.

　대신 나는 전시회에 내 혼을 쏟았습니다. 작가는 작품으로 말해야 한다는 나름의 철학이 섰습니다. 2000년에 가졌던 졸업 전시회가 첫 개인전이었고, 2020년에 16회 개인전을 가졌으니 적지 않은 개인전을 한 셈입니다. 개인전을 열었던 곳도 다양했습니다. 대구의 문화예술회관을 비롯하여 봉산문화회관, 대구 KBS, 서울의 가나아트를 비롯하여 예술의 전당, 백악 갤러리, 이형 갤러리 그리고 프랑스 루브르전까지 했습니다.

  그렇다고 사람들이 내 작품을 알아주고 인정하였을까요? 내 생각으로는 전혀 그렇지 않습니다. 지금도 내 주변에서 누가 국전 초대작가가 되었다는 말을 들으면 묘한 느낌이 듭니다. 예전에는 초대작가가 되었다면 대구의 서예계가 떠들썩하였는데, 지금은 바스락거리는 소리도 없이 조용하다는 것이 달라진 풍속도라면 풍속도입니다. 개인 전시회를 가졌다고 하여 기려주는 분위기도 아닙니다. 전시회를 통하여 작품으로 말하려는 나는 여전히 초라하지만 16회 개인전을 하면서 만감이 교차합니다.

*작품 〈무無〉는 현재 경북여고에 전시되어 있음.

중국서예를 보면서

　대학원 과정은 서예를 새로운 시각으로 바라보는 계기가 되었고, 새로운 시각을 실현하고자 노력하였던 시기였습니다. 한국 서예계는 2000년대에 접어들면서 중국과 교류가 활발했습니다. 유명 서예인들이 중국을 다녀와서 중국과의 교류를 자랑하곤 했습니다. 중국과 달리 한국은 전통 서예가 그대로 전해졌고 또 보존되었습니다. 한국 서예계는 그때까지도 전통 서예가 주류였으나, 중국 서예계는 엄청난 변화가 일어나고 있었습니다. 중국은 한국과 달리 문화혁명을 겪으면서 전통과는 단절되어 버렸습니다.
　1966년에 문화혁명이 시작되면서 중국의 위정자는 서예를 봉건사회의 유물이라면서 부정적으로 보았습니다. 모택동은 서화 원작을 불태웠고,

문예가와 서예가는 감옥에서 고생을 하고 있었습니다. 한국이 중국과 교류를 시작하였을 때는 전통 서예가 완전히 없어진 것은 아니지만 변두리 지방에서 겨우 명맥을 유지할 정도였습니다. 전통서예는 중국 서예계를 주도하지 못하고 다양한 유파의 하나에 불과했습니다. 1980년대에 들어 문화혁명은 끝이 났지만 전통 서예는 기력을 회복하지 못하였습니다.

중국 서예계는 다원화의 길을 걷고 있었습니다. 그중에서도 일본의 전위서예를 받아들인 것은 현대 서예라는 새로운 유파가 나타나는 데 큰 역할을 하였습니다. 당대의 서예계를 이끌 만큼 영향력 있는 서예론이 나타난 것도 아니었습니다. 다양한 실험이 있었던 시기입니다. 나는 중국의 현대 서예에 관심을 가졌습니다. 중국 현대 서예가 중의 한 사람인 푸영콩의 작품을 보면 배면에다 서양화의 색면화처럼 채색을 했고, 문자, 글자라기보다는 기호화, 추상화하였습니다. 나는 이런 형식을 흉내 내서 써 보았습니다. 어쨌거나 중국의 현대 서예는 나의 작품 세계에 많은 영향을 주었습니다.

1985년에 중국에서 '중국현대서법수전中國現代書法首展'이라는 전시회를 열었습니다. 이때 현대라는 말을 처음으로 사용했다고 합니다. 대만의 서예가 유용이의 말을 인용하면서 '최고의 가치는 창조이고, 다음이 해석이며, 모방은 마지막이다.'라며 창조를 강조하였습니다. 중국 현대서예도 서단의 중심부로 진입하지 못하고 변두리에만 머물고 있다 하였습니다. 그런데도 나는 창조에 가치를 둔다는 데에 마음이 끌렸습니다. 전통의 모방이 아니고, 창조와 해석에 가치를 둔다는 것에 전적으로 동의

무無 | 종이에 먹, 채색 서각 | 85*190cm

집集 | 부적지, 한지, 먹 | 70*45cm

하기 때문입니다. 현대 서예는 한 걸음 더 나아가서 추상으로까지 나아간다고 하였습니다. 한국에서도 서예의 추상화 운동이 있었습니다. '물파운동'이라 하여 물파 갤러리까지 나타났습니다. 그러나 의미전달이 기본인 문자로 추상화하기란 불가능하였는지 모릅니다. 이우환은 물파이론을 주창하며 서예가 어떻게 진화해야 하는지 이해하고 운동을 펼쳤는지는 모르겠습니다. 물파 운동은 이후에 흐지부지되고 말았습니다.

  나는 구상을 지켰습니다. 서예를 통하여 추상적인 표현을 한다는 것은 생각해보지 않았습니다. 구상을 지향하면서 창조 쪽으로 방향을 잡았습니다. 이것이 오늘까지 추구하는 있는 나의 작품 세계입니다. 구상으로 표현하기 위한 여러 시도를 하는 것이 저의 작품 활동이라고 해도 과언이 아니었습니다. 서예 작품은 말할 것도 없고, 서각도 민화도 구상의 영역을 벗어나지 않았다고 생각합니다.

작품 출품을 의뢰받다

　2000년에 졸업 전시회를 한 이후로는 대외적으로 침묵하고 있었습니다. 간간이 단체전이나 전시회에 작품의뢰를 받으면 전통 서예 작품이나 출품하면서 세월을 보냈습니다. 그렇다고 하여 두 손을 놓고 지낸 것은 아니었습니다. 민화나 서각 등과 조합해보기도 하고, 중국이나 일본 서예를 본받아서 작품을 만들어보면서 새로운 실험을 하면서 보낸 시기라고 하겠습니다.

　2008년 서울 예술의 전당 서예관에서 서예비엔날레를 하면서 작품의뢰가 왔습니다. 중국 서예가의 작품과 일본 서예가의 작품도 함께 전시한다고 하였습니다. 여기저기 자료를 찾아다니고 있던 중이라서 일본은 전위서예라는 이름으로, 중국에서는 현대 서예라는 이름의 서예 장르가 있다는 것을 알았습니다. 사진으로나마 작품도 보았습니다. 내가 보기로는 추상화된 작품이었습니다. 무엇보다 내 눈길을 끈 것은 색채를 사용하였다는 점이었습니다.

　예술의 전당 서예관이라니! 내게 작품을 의뢰한 곳이나 전시회의 이름이나 전시회를 기획한 기관 등 모든 것이 내게는 벅찼습니다. 어떤 작품을 출품할까, 나름대로 많은 생각을 하였습니다. 일본과 중국 작품도 전시한다니까. 중국의 현대 서예 작품을 참고로 작품을 만들어서 제출했습니다. 작품에 진한 붉은색을 사용하였습니다. 작품을 보냈더니 서예관에서 연락이 왔습니다. 이런 작품은 전시에 부적합하니 전통서예 작품을 보내달라고 하였습니다. 요구대로 작품을 바꾸어서 보냈습니다.

　며칠 뒤에 예술의 전당에 찾아갔습니다. 전시장에 발을 들여놓자 깜짝 놀랐습니다. 중국 전시관과 일본 전시관은 알록달록한 색으로 방 분위기가 아주 밝았습니다. 물론 전통서예의 글씨와는 다른 형태의 글자들이었습니다. 내 작품이 걸려 있는 한국서예 전시실 벽면을 메우고 있는 것은 온통 검은색뿐이었습니다. 내 느낌으로는 전시실 전체가 어두워 보였습니다. 밝은 색상을 사용했다고 출품을 거절당했던 나로서는 기분이 묘했습니다.

　전위 서예도, 현대 서예도 그들 나라에서도 서예의 본류는 아니라고 하였습니다. 그러나 전시회를 기획한 예술의 전당 서예관 큐레이터라면 전위서예와 현대 서예의 작품을 받아들일 만큼 앞서가야 한다고 생각했습니다. 전통 서예만 출품하라고 한 것이 납득이 되지 않았습니다. 이것은

大邱十景詩 _ 한지, 아교, 석채, 나무, 아크릴물감 _ 70*95cm

서예를 이끌어가야 할 큐레이터가 세계 서예의 흐름을 읽지 못하였다는 반증이 아니겠습니까. 그 이후로는 전시회 출품 의뢰가 왔을 때 전위서예에 가까운 또는 현대 서예에 작품을 출품해도 전통 서예 작품으로 바꾸어 달라는 말은 들어본 일이 없었습니다. 아마 한국 서예계도 현대 서예의 흐름을 외면할 수 없었든지 아니면 중국이나 일본의 이미지 때문에 어쩔 수 없이 수용하는 척했는지 모르겠습니다.

여전히 전시회 현장에서는 나의 실험적 작품을 서예로 인정하지 않으려는 분위기를 많이 느꼈습니다. 한국 서예인이 입버릇처럼 하는 말이 '법고창신法古創新'입니다. 창신에 대해서 확고한 개념을 세우지 못한 것 같다는 생각이 들었습니다. 그러나 요즘 서예 전문 잡지를 펼쳐보면 예전의 글씨와 요즘의 글씨가 다르다는 것이 느껴집니다. 올챙이가 형태를 바꾸어서 개구리가 되듯이 말입니다. 변화를 시도하는 것은 분명한데 혁신적이지는 않습니다.

나는 여기서 더 나아가서 서각과 민화와 전통 서예 글씨를 조합하여 작품을 만들고 있습니다. 관람자들이 많이 오해하는 것은 강한 색상 때문에 서예가 아닌 그림의 장르로 분류하는 것입니다. 그림이라고 해도 내 작품이 들어갈 장르는 없을 것 같습니다. 전통 동양화로도 적합하지 않고, 민화와도 다르니 장르 분류가 어려울 것입니다. 장르 분류가 어렵다는 것은 어쩌면 나의 개성적인 작품세계가 될 수도 있지 않을까, 라는 생각입니다. 나는 올챙이가 개구리가 되면 많이 달라 보인다는 생각을 합니다. 그렇다고 다른 종류의 동물은 아닙니다. 지금의 내 작품은 서각과 민화, 그리고 박생광 이만익의 영향을 많이 받았습니다. 그러나 내 작품의 본류는 여전히 서예라고 생각합니다.

루브르박물관에서 전시회를 하다

 2008년 모르는 사람에게서 전화가 왔습니다. 프랑스에서 전시회를 가져볼 생각이 없느냐고 했습니다. 프랑스 전시라니 놀랐습니다. 서예계에 발을 들여놓은 지가 수십 년이 되었고, 해외에서 전시를 하자는 섭외도 받았지만 장소는 중국이나 일본이었습니다. 프랑스라면 서양미술의 중심지라는 정도로는 알고 있었지만 서예를 하는 나더러 전시회의 의향을 물으니 조금 황당했습니다. 한편으로는 구미가 당기는 것도 사실이었습니다.

 전화를 한 분은 조그만 화랑을 경영하면서 프랑스와 연결고리가 있다는 여성이었습니다. 그의 말을 빌리자면 서예 작품이 아니고 사군자류의 그림이거나 또는 전통 한국미가 표현되는 작품을 선정한다고 하였습니다. 그렇게 해서 2008년에 프랑스의 그로노블에서 개인전을 가졌습니다. 얼떨떨하게 전시회의 평가가 어떠하였는지는 모르고 전시회를 끝냈습니다. 2008년에도 그 화랑의 주선으로 파리에서 전시회를 했습니다.

그분은 다시 나를 흥분시키는 전시회를 제안했습니다. 제안이라기보다 초청해 주었습니다. 파리의 루브르박물관에서의 전시회였습니다. 루브르박물관의 전시라는 것이 궁금하기도 하고 흥미도 있어서 다시 만났습니다. 국가 차원의 교류전이 아니고 파리의 민간 미술 단체가 개발도상국의 미술을 파리에 소개하는 목적으로 기획한 전시회라고 하였습니다.

지금까지 프랑스에서 두어 번 가진 전시회와는 질이 다른 전시회였습니다. 이런 기획전에 초대한 이유가 프랑스에서 가진 내 개인전이 그들의 관심을 불렀다는 것입니다. 그 말은 나를 기분 좋게 하였습니다. 더구나 '루브르'라는 말이 나에게는 무척 매력적으로 느껴졌습니다. 파리에서 동양미술에 대해서는 어느 정도 알고 있으므로, 어쩌면 나의 작품이 시선을 끌지도 모르겠다는 꿈같은 기대도 해보았습니다.

나는 전통적인 서예 작품을 가져가지 않고 그동안 실험적으로 만들어 보았던 작품을 가져갔습니다. 기획자의 주문이기도 하였습니다. 민화적인 요소로 강한 색과 대상의 형태를 비틀어버린 그림을 위주로 가져갔습니다. 루브르박물관의 전시실에 작품을 걸고 나서는 은근히 걱정이 되었습니다. 주최자는 조그마한 민간 미술 단체라 했고 나 또한 한국을 대표할 만한 위치에 있지 않다는 것을 알기 때문입니다. 그러나 아프리카나

　남미 작가의 작품들도 내 눈에는 익숙하지 않을뿐더러 이게 미술이냐 싶을 정도로 낯설었습니다. 민화류에 가까운 내 작품도 그들의 눈에는 낯설 것입니다. 혹시 아, 재미있네, 라는 감상을 할지도 모르지 않겠습니까.
　전시 중에 파리7대학에서 동양미술을 전공한다는 교수가 찾아왔습니다. 그는 한국에도 여러 번 다녀왔다면서 내 작품이 새롭다며 작품 앞에서 사진도 찍고 나와 기념사진도 찍었습니다. 루브르 전시회가 끝나고 파리의 에스페스 보호떼에서 개인전을 가졌습니다. 물론 이 전시도 개인전을 섭외하여 이루어졌습니다. 또 한 가지 기억에 남는 일은 중국계 프랑스인이라면서 파리에서 동양미술을 다루는 화랑을 한다는 남자가 찾아왔습니다. 작품이 마음에 든다면서 두 번이나 전시실을 찾아와서 마음을 설레게 했습니다. 은근히 내 작품을 한 점이라도 사주었으면 바랐지만 좋다는 말만 할 뿐 작품 구매는 하지 않았습니다.

작품을 내리는 날에 그 사람은 다시 찾아와서 작품을 자기 화랑에 맡겨 두면 어떻겠느냐고 하였습니다. 마음이 잠깐 움직이기도 하였습니다. 그러나 주변 사람들이 '그림을 사기치는 사람이 많다. 이 낯선 곳에 그 사람의 무엇을 믿고?'라고 만류하였습니다. 지나친 친절을 베푸는 사람일수록 조심하라고 했습니다. 그래서 나는 그의 청을 거절하고 내 작품을 모두 한국으로 가져왔습니다. 화랑을 한다는 그 남자의 표정이 너무 진지하여 지금도 가끔 '맡겨 두고 올걸' 하는 생각이 들기도 합니다.

서예를 하면서 또 실험적인 작품을 만들면서 가끔 이런 생각을 해봅니다. 서예 작품을 전문으로 다루고, 서예의 미래를 열어주는 서예 전문 화랑이 있었으면 좋겠고, 더 나아가서 한국의 서예 작가를 외국의 미술시장과 연결해주는 역할도 하는 전문 기획사가 있었으면 좋겠습니다. 그러면 외국에서도 흥미를 느끼는 작품 제작을 예시해 줄 것입니다. 이러한 시도는 한국서예의 변화와 미래로 나아가야 할 방향을 열어주지 않겠습니까? 한국서예는 세계 시장과는 철벽보다 더 단단한 장벽이 있다고 생각합니다.

　한국화를 하는 젊은 작가는 한국의 시장이 아니고 세계의 시장으로 진출한다는 보도를 보았습니다. 그들의 작품은 외국의 미술품 옥션에서 비싸게 팔린다고 하였습니다. 한국서예도 세계 시장에서 호응을 얻을 수 있는 작품 제작의 길을 찾아야 하지 않을까요?

2000년대의 10년 간

　2000년에 대학원 졸업 전시회를 가진 후에 2009년에 프랑스 루브르 박물관에서 전시회를 가지기까지 거의 10년이 흘렀습니다. 내 인생에서 또 하나의 의미라면 60세를 넘어선 것입니다. 서예인의 연령이 다른 장르 예술인보다는 조금 많다고 하나, 그래도 내 서예 인생을 뒤돌아보는 계기가 된 것도 사실입니다. 나름 내 길을 착실하게 걸어왔다고 믿지만, 내가 걷는 길이 옳았는가에 대한 자신이 서지 않았습니다. 루브르에서 전시한 후 나의 지난날을 되짚어 보았습니다.

　졸업 전시회는 대학원이라는 전혀 다른 장에 발을 들여놓고 나서 그곳에서 느끼고 배운 것을 표현하려고 하였습니다. 그러나 순수한 나의 창작품은 아니었습니다. 근원 선생은 도자기를 매개로 작품을 만들었는데,

나도 선생의 기법을 모방하는 수준이었습니다. 도자기를 통한 작품 제작은 많은 시간을 잡아먹었고, 만들기도 어려워서 졸업 전시회 이후로는 더 이상 하지 않았습니다. 졸업 작품전 이후 조용히 침묵의 시간을 보냈습니다. 그렇다고 하여 두 손을 놓고 있지는 않았습니다. 여기저기서 작품을 출품해 달라는 의뢰가 오면 전통 서예 작품을 출품하였습니다.

근원 선생은 제자들에게 자기의 작품 양식을 따르라고 강요하지 않았습니다. 그래서 내 마음대로 작품을 구상할 수 있었습니다. 선생의 작품을 참고는 하였지만 따라 하지는 않았습니다. 서예 공부를 하면서 사승 관계는 소의 코에 코뚜레를 꿰듯이 스승의 영향권을 벗어나지 못하는 경우가 다반사입니다. 서예의 실기를 다른 선생에게 배우러 다녔지만, 선생은 그런 행위에 대하여도 나무란 일이 없었습니다. 이런 분위기에서 나만의 작품세계를 추구하는 것이 가능했습니다. 뒤돌아보니 하루 강아지 범 무서운 줄 몰랐던 것 같습니다.

도자기 작품에서 흥미를 느끼지 못한 반면에 나의 흥미를 끄는 다른 장르도 있었습니다. 민화와 서각이었습니다. 민화는 강렬한 색상으로 인해 무척 매혹적으로 다가왔습니다. 나에게는 색에 이끌리는 유전자가 있나 봅니다. 또 다른 시도는 글자를 멋대로 비틀어서 쓴 서각이었습니다. 당시 서예계는 미적 표현을 조형미에서 찾으려는 움직임이 활발하였습니다. 서예의 기본 가치는 의미 전달이 우선인데, 의미 전달이 무시될 만큼 형태를 비틀 수가 있을까, 전통 서예인이 신주처럼 모시는 법첩을 지키면서도 관람자를 매혹시킬 수 있는 조형미를 만들어 낼 수 있을까, 라

鷄鳴 | 먹, 아크릴, 은행나무 | 140*70cm

는 의문을 가졌습니다. 답이 나오지 않았습니다.

서법에 구속받지 않고 형태를 비틀 수 있는 것이 서각입니다. 나는 대구에서 '유장식 서각 전시회'를 관람하고 나서 바로 이거다, 라는 생각을 했습니다. 내가 추구하는 조형미의 방법을 찾았습니다. 이때부터는 담미헌에서 민화와 서각을 활용하는 작품을 만들어 보았습니다. 민화와 서각을 배우면서도 사승관계를 맺지 않으려 일부러 도서관이나 백화점 문화교실 등에 찾아가서 기초를 배웠습니다. 민화의 경우는 스승에 따라 사용하는 물감과 기법이 달랐으므로 여러 기법을 배울 수 있었습니다.

도서관 수업에서도 스승은 수강생을 제자라면서 코뚜레를 꿰려했습니다. 이건 타파해야 할 나쁜 관습이라고 믿습니다. 사승관계에 묶이지 않으려 하니 나를 못마땅하게 여기는 선생도 있었습니다. 나는 작품을 하면서 누구의 눈치도 보지 않고 내가 구상한 방식대로 그림도 그리고 색칠도 합니다. 순전히 내 방식대로 작품을 할 수 있는 것은 스승의 기법에 얽매이지 않고 창의성을 발휘하기 때문이라 생각합니다. 서각을 공부하는 서각인들이 함께 작업할 수 있는 작업실을 마련하였습니다. 스승이 아니고 동료끼리 모여서 서로 조언도 하고, 색칠하기 등의 기법을 배우고 가르쳐 주면서 공부하고 있습니다. 한 스승 밑에서 배우는 것보다 더 많은 것을 배웁니다.

민화는 완전히 나만의 방식으로 그리고 있습니다. 물론 바림이라든지, 전통의 기법은 충실히 따르지만 작품을 구상하는 것은 나의 의도대로 합니다. 그리고 보니 민화 같기도 하고, 문인화 같기도 하고, 현대 서양화 같기도 합니다. 반대로 민화도 아니고, 문인화도 아니고, 현대 서양화와는 맛이 전혀 다른 작품이 되어버렸습니다. 책이나 도판을 통하여 중국의 현대 서예와 일본의 전위서예도 곁눈질해 보았습니다. 전통 서예 전시회에 나의 실험 작품을 출품하였다가 반송당한 일도 있었습니다. 서예계에도 전통 서예를 벗어나 중국의 학원파 서예나 현대 서예를 닮은 작품이 나타나기 시작하였습니다. 그러나 한국의 전통 서예는 여전히 서예계의 중심 권력의 자리를 굳건히 지키고 있습니다.

4부

2009년, 백악 갤러리 전시회

　대구에서 '여류 중진 5인 작가전'에 참여하면서 나의 작품에 관심을 가지는 사람도 있다는 것을 확인하였습니다. 루브르 미술관 전시회를 끝내고 나의 작품 세계에 대한 회의를 털어냈습니다. 방향을 정하고 나니 서울에서 전시회를 하고 싶었습니다. 2009년에 두 번째 백악 갤러리 전시회를 개최하였습니다. 백악 갤러리 개인전은 나의 작품 세계를 총체적으로 선보였다는 점에서는 의미가 깊습니다. 나의 전시회 경력을 보면 2009년의 백악 갤러리 개인전 이후로 부쩍 많아지고 있습니다. 개인전이 많아졌다는 것은 그만큼 내 작품에 믿음을 가졌다는 뜻이기도 합니다.
　그렇다고 서예계가 내 작품세계에 호감을 보인 것은 아닙니다. 백악 갤러리 전시회 이후로는 서예계의 눈치를 보지 않고 독자적으로 나의 작품

家和 _ 76*48cm

세계를 만들어 갔습니다. 한국 서예계는 비평이 취약하다 보니 내 작품이 어떤 평가를 받는지 알 길이 없었습니다. 내 작품을 내가 자평할 수밖에 없었습니다. 나는 서각과 민화풍의 그림과 서예 글씨를 조합하였습니다. 2007년 전시회에 이미 실험적 작품을 선보였기 때문에 나로서는 특이한 시도도 아니었습니다. 그러나 서울 서예계와 관람객의 반응이 궁금했습니다.

　서각은 나무에 글자를 파는 기법이라 나무의 부피도 있고 무게도 상당하였습니다. 종이를 배지로 먹으로 쓴 글씨만으로 만든 작품과는 여러 면에서 차이가 납니다. 배접부터 액자를 만들기까지 어려움이 많았습니다. 입체감을 주도록 액자를 만드는 작업은 또 다른 묘미를 느끼게 해주었습니다. 도자기를 매개로 한 작품보다 나무의 재질에 따른 색, 나이테 등의 문양이 질감으로 드러나 미적 감각이 훨씬 뛰어났습니다. 뿐만 아니라 나무에 색을 올려 내 의도를 다양하게 표현할 수 있었습니다.

　또 하나는 한국적 미를 추구한다는 뜻에서 민화를 위주로 그렸습니다. 서예 글씨만으로 작품을 만들 때는 색을 넣고 싶어도 어떻게 넣어야 할지 방법이 떠오르지 않았는데, 그림에서는 색이 자연스럽게 들어갔습니다. 나는 그림이라고 하여 민화만을 고집하지 않았습니다. 내 작품은 한국 전통미술에 바탕을 두었으므로 색상에 신경을 써서 물감을 선택하였습니다. 서양화처럼 유화물감을 사용할 수는 없고, 한국의 정서를 자아내는 물감을 찾다 보니 민화용 물감을 애용하게 되었습니다. 분채와 봉채, 그리고 동양화에 사용하는 물감을 주로 사용했습니다. 아크릴도 사용해 보았습니다.

  글씨는 작품의 빈 공간이나 담채로 선염한 부분에 썼습니다. 작품의 중심 부분에 글자를 가득 채우고, 서각이나 그림은 주변부에 배치한 작품도 만들었습니다. 더구나 한문 행초는 읽는 사람이 거의 없습니다. 읽지 못하는 글씨의 의미를 그림으로 표현하려고 했습니다. 화려한 모란이 그려졌다면 서각으로 표현하는 글씨나 붓글씨의 내용을 부귀영화와 관련 있는 문구로 썼습니다. 이런 다양한 시도와 실험을 통해 내 작품세계는 새로운 계단을 하나씩 쌓아갈 수 있었습니다.

대학파 서예전

　대학에 서예과가 신설되고 20여 년이 지났습니다. 정상적인 흐름이라면 졸업생들이 서예계의 중견 작가가 되어 한국 서예를 이끌어 갈 작품을 발표해야 할 것입니다. 그러나 서단에서 이들의 소식은 감감했습니다. 중국은 대학(원)의 서예과 출신들이 전통 서예와는 다른 유형의 서예를 하면서 '학원파 서예'라는 새로운 유파를 형성했습니다. 학원파 서예가 중국서예를 주도하는 것은 아니지만, 한·중 교류전을 통하여 한국에 많이 소개되었습니다. 학원파 서예는 대학에서 서예과를 지도하는 교수를 중심으로 형성되었습니다. 이들은 대체로 문화혁명 중에 청소년기를 보내 전통 서예의 용필법이나 용묵법을 배우지 못하였습니다. 대학에 와서 서예를 공부하였으므로 고전 전통 서법과는 다를 수밖에 없었습니다.

한국의 대학 서예과는 중국과는 역사적 배경이 다릅니다. 문화혁명이라는 단절된 역사를 가지지도 않았고, 전통 서예가 한국 서단의 주류에서 벗어난 일도 없었습니다. 대학 서예과가 전통에서 벗어나기가 어렵다 하더라도, 새로움에 대한 실험을 하고 시도를 하는 것이 대학의 본분이 아닐까요? 한국은 대학 서예가 재야 서예에 흡수되는 모습을 보여주었습니다. 대학 교수도 학생에게 전통 서예를 가르치고, 학생들도 국전이나 공모전에 깊은 연관을 가진 교수 밑으로 모여들었습니다.

2009년에 대학 서예과를 졸업한 이들이 작품 전시회를 가지면서 '대학파 서예'라고 이름을 붙였습니다. 이름에서 중국의 학원파 서예를 본받았다는 것을 알 수 있습니다. 그때 나는 프랑스 전시회에 정신을 쏟느라 대학파 서예전에 어떤 작품으로 참여하였는지 기억나지 않습니다. 2011년의 대학파 전시회 때도 작품 출품을 의뢰받고 출품하였습니다. 백악갤러리 전시회를 가진 이후에 열심히 작품 활동에 매진하며 어느 정도 나만의 양식을 만들어가던 시기였습니다. 나는 민화와 서각과 서예를 조합하여 한 화면에 담아내는 작품을 만들었습니다.

'대학파 전시회'라는 거창한 이름을 붙였으나 이 전시회가 한국 서예계에 미친 영향은 찻잔 속 작은 물결 정도에 지나지 않았습니다. 이 전시회도 서예계의 주목을 받지 못하면서 흐지부지되어버렸습니다. 내 생각으로는 성공할 수 없는 전시회였습니다. 출품 작품들이 전통 서예와 확연히 구분되는 새로운 것을 보여주지 못하였습니다. 대학파 전시회를 긍정적으로 보지 않는 사람도 있었습니다. "다양한 문화와 예술의 만남을

雲行雨施 | 140*75cm

통한 열린 세계로 향하기 전에 대학파는 먼저 서예가 담아내야 할 바람직한 내용과 서예의 본질이 무엇인가에 대하여 치열한 고민이 있어야 한다"(조민환,《서예비평》, 2010)처럼 비판적 시각도 있었습니다.

이런 평가가 맞는 말인 듯하지만 핵심이 드러나지 않습니다. 그러나 치열한 고민이란 말은 맞다고 생각합니다. 한국 서예를 서예의 본질로 따지기 전에 한국의 정서라는 관점에서 접근하는 것도 하나의 방법이 되지 않을까요. 나의 작품 세계를 구축하면서 한국 정서라는 것을 염두에 두고 작품을 제작했습니다. '대학파'가 전통 서예를 벗어나려 노력하였는지는 모르지만 한국의 정서를 도외시한 것이 실패한 원인이 아닐까, 라고 생각해 봅니다. 양식만 조금 바꾼다고 새로움을 추구한다고 말하기에는 부족해 보였습니다.

중국의 학원파 서예를 본뜬 대학파 서예가 한국에서 실패한 요인으로는 여러 가지가 있습니다. 그중 하나는 서예가 대중 속으로 들어가지 못했기 때문이라 생각합니다. 즉 한국의 정서를 생각하지 않았다는 뜻입니다. 나의 최근 전시회 부제를 '한국의 미를 찾아서'라고 표기하였습니다. 한국의 서예계가 빈곤과 어려움에 허덕이는 이유도 여기서 찾아야 하지 않을까요? 대중 따로, 서예 따로는 물과 기름 같은 현상이 아닐까요? 대중이 흥미를 느낄 수 있는 작품 제작을 속(俗)되다고 비난하지 말고 오히려 서예의 대중화를 장려해야 하지 않을까요? 현대 미학을 조금이라도 이해한다면, 대중의 사랑을 받는 작품이라고 하여 예술성이 떨어지지 않는다는 주장에 동의할 겁니다.

서예의 고고함을 주장하면서도 여기저기서 터져 나오는 공모전의 비리는 대중의 비웃음만 사고 있습니다. 공모전에 의존하는 전통 서예는 여전히 한국 서예의 주류를 이루고 있습니다. 대학파 서예전이 소리 없이 사라져버린 것이 사필귀정이다 싶으면서도 안타깝습니다. 이런 전시회가 지속되어야 실험 작품을 발표할 기회가 생기기 때문입니다.

서예 인생의 갈림길이 된 전시회

　백악 갤러리의 두 번째 전시회는 서예 인생에서 하나의 갈림길이 되었습니다. 2009년이었습니다. 그 해는 이상하리만치 해외 전시 섭외가 많이 들어왔습니다. 특히 프랑스 쪽에서 들어오는 섭외에 마음이 움직였습니다. 파리하면 예술, 그중에도 회화가 꽃피었던 도시라는 사실이 내 머리를 차지하고 있었습니다. 그 해에 여러 번 프랑스에 가서 개인전도 하였고, 기획전에도 참여하였습니다. 또 하나는 화랑이 중심이 되어서 개최하는 아트 페어에 여러 번 참여한 일입니다. 화랑은 근본적으로 회화 작품을 상품으로 보는 미술시장입니다. 화랑에서 내 작품을 아트 페어에 출품하고 싶다고 하여 기꺼이 허락했습니다.

　화랑에서 주관하는 아트 페어에 서예 작품을 전시장에 내거는 일은 거

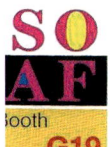

김영자(설강) Yeung-Ja KIM

眞面目, 35×52cm

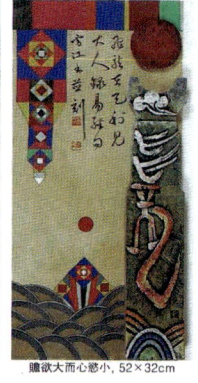

贐欲大而心愈小, 52×32cm

의 없습니다. 내게 섭외가 들어온 것은 작품의 회화성 때문이었습니다. 진한 색채로 그려진 민화풍의 그림에 서각의 문자 조형까지 곁들였으니 서예 작품으로 보기는 어려울 것입니다. 화랑도 아마 그런 점을 높이 샀을 것입니다. 대구 엑스코 1층에서 가진 '대구 아트 페어'에 참가하고, 전시장에 들렸을 때 수없이 많은 전시 공간에 놀랐습니다. 전국의 화랑이 참여하였고', 해외에서도 참여하였습니다. 내 작품도 전시되었으나 팔리지는 않았습니다. 서울 코엑스 1층에서 열린 '서울 오픈 아트 페어'에도 출품했습니다. 전시 공간의 규모가 대구와는 비교도 안 될 만큼 넓고 화려했습니다. 전통서예는 물론 보이지 않았습니다.

그 해에 '현대미술 17개국 작가 만남 전'에도 참가하면서 나의 작품은 전통 서예와 거리를 두고 있었습니다. 나의 작품 세계를 서울에서 선보이면 어떨까, 라는 욕심이 생겼습니다. 다시 백악 갤러리를 전시회장으로 정하였고, 내가 몸담고 있던 초정서실을 찾아가서 도록도 전하고 전시 사실도 알렸습니다. 초정 선생의 개인전도 내 전시와 일정이 일부 겹치고 물파 갤러리에서 한다는 사실도 알았습니다.

두 번째 전시회에 내건 작품은 예전의 내 작품과는 확연히 달랐습니다. 그래도 나는 전통 서예 글씨를 기본으로 하였으므로 서예 작품이라고 주장합니다. 지금까지 한 전시회나 아트 페어 등에 출품하였던 작품의 특성을 살려서 작품에 많이 반영하였습니다. 민화가 가미된 것은 말할 것도 없고 서각도 덧붙였습니다. 서예 글씨의 의미를 함축하는 몇 개의 한자어를 뽑아서 서각 형식으로 작품을 만들었습니다. 아마도 서예, 민화, 서각을 조합한 작품의 전시회는 서울에서 내가 처음이었으리라 생각됩니다.

실험 작품을 전시하다 보니 잔뜩 긴장하였습니다. 관람을 하는 사람들이 어떤 평을 할까, 서울에서 연을 맺은 초정서실의 회원들은 어떤 반응을 보일까 궁금했습니다. 전통 서예와 다른 작품을 만들었으니 다양한 평이 나오리라는 기대도 했습니다. 그러나 초정서실 회원들의 평은 들을 수 없었습니다. 전시회장에 오지 않았기 때문입니다. 작품 세계가 너무 달라서일까요? 근원 김양동 선생도 처음에는 화려한 색상을 좋지 않게 말하였습니다. 지금도 인정하는 것은 아니지만, 이런 실험 작품도 괜찮지, 하는 정도로 인정해주었습니다. 간혹 민화를 한다는 사람이 들러서 민화의 기법이 미숙하다는 지적을 하면서 일일이 가르쳐주기도 했습니다.

  전시 작품을 내리면서 울고 싶은 심정이었습니다. 작품 세계에 대한 문제가 아니었습니다. 내가 인간 관계를 맺으면서 살아온 인생에 회의를 느꼈기 때문입니다. 책에서 수없이 읽었던 같은 스승에게서 배웠다는, 같은 문하생이라는 동료 의식은 어디에도 없었습니다. 대구에 내려와서 많은 생각을 했습니다. 외롭더라도 나의 작품 세계를 다듬자고 마음을 정했습니다. 어차피 예술의 세계는 혼자만의 세계라는 생각이 들었습니다. 누구의 눈치도 보지 않는 나의 작품 세계를 구축할 수 있으니 오히려 잘 됐다고 생각했습니다.

  나만의 작품 세계를 추구하면서 나의 길을 갈 수 있었던 것은 2009년의 백악 갤러리 전시회가 하나의 분기점이 되었습니다. 두 번째 서울 전시회는 서실의 동문들도 찾아오지 않아 인간 관계를 생각하면서 슬펐지만, 서예 인생에 오히려 긍정적인 전기가 되어 고마워하고 있습니다.

시중유화 詩中有畵에 착안하여

한문 문장을 아무리 간략하게 쓰더라도 현대인이 문장을 읽고 글의 내용을 이해한다는 것은 불가능에 가깝습니다. 한문 서예를 공부한 나로서는 이 때문에 늘 좌절감을 느꼈습니다. 글을 읽지도 못하는 감상자에게 한문 서예를 감상하라고 하는 것은 앞뒤가 맞지 않다고 생각했습니다. 한문 서예를 배우면서 스승으로부터 감상자의 감동을 이끌어내기 위해서 글씨를 어떻게 써야 하는가에 대해서는 들어보지 못하였습니다. 스승님의 말씀은 하나도 법첩이요, 둘도 법첩이었습니다. 획 하나 긋기에서도 잘 썼느냐, 못 썼느냐의 평가 기준은 법첩에 얼마나 충실히 따랐느냐로 결정되었습니다. 감상자가 미적으로 어떻게 받아들일 것인가에 대해서는 들어보지 못하였습니다.

그때, 내 머리를 스쳐 가는 문구가 바로 '시중유화詩中有畵'였습니다. 인간이 내용을 인지할 때 문자보다 그림이 훨씬 빠르다고 합니다. 문자로는 소통이 안 되는 자폐아에게 그림을 보여주었더니 소통이 되더라는 연구 결과를 읽었습니다. 시인 소식이 말한 '시중유화'를 확대 해석하면 '모든 글에는 그림으로 나타낼 수 있는 이야기가 있다'라고 하겠습니다. 한 지면에 글의 내용을 그림으로 표현하여 함께 나타내면 어떨까, 라는 생각을 했습니다. 중국의 문인 화풍의 회화에는 화면의 한 부분에 발제시 또는 발제문이라 하여 그림의 내용을 글로 표현한 것이 하나의 양식처럼 정착했습니다. 글과 그림을 한 화면에 표현한 것이 전혀 낯설지 않습니다. 굳이 따진다면 그림이 화면의 대부분을 차지하고, 글씨는 한 귀퉁이에 쓴 것이 일반적입니다. 이 작품은 서예 작품이 아닌 회화 작품이라는 뜻이겠지요.

나는 무릎을 쳤습니다. 글씨를 지면 대부분을 차지하도록 쓰고, 글의 내용을 그림을 그려서 설명하는 형식으로 작품을 만들면 어떨까, 라는 생각이 떠올랐습니다. 한문 서예가 전공인 만큼 글씨 쓰기에는 별 어려움이 없었습니다. 그러나 그림은 생소하고 낯선 분야입니다. 그림 그리기를 배운 일이 없는 나로서는 전문 화가가 그리듯이 복잡한 구도와 기법으로 그릴 수는 없는 노릇입니다. 중국 회화에는 '문인화'라는 장르가 유행하였습니다. 간략한 구도, 서예적 용필법, 담채 등 시도해 볼 만하다는 생각이 들었습니다.

문인화가 서예와는 가까운 장르라고 하더라도 훈련받지 못한 내가 그

석화惜花/당唐 엄운嚴惲 | 종이에 먹, 채색, 서각 | 138*78cm

리기에는 어려움이 많았습니다. 전공이 서예 장르이지만 실험 작품을 시도한다고 서예의 전통을 깨트리고 있는데, 문인화의 전통 기법을 굳이 따라야 할까 고민도 되었습니다. 나대로 그려보자고 생각하자 용기가 났습니다. 서예 공부를 하면서 틈틈이 사군자를 그려 본 것이 많은 도움을 주었습니다. 이 무렵의 작품을 보면 서예 글씨가 지면 대부분을 차지합니다. 재미있는 현상이랄까요. 이후의 그림에서는 지면에서 점차 글씨는 줄어들고, 그림이 차지하는 비중이 더 높아갑니다. 최근에는 그림에 칠하는 담채가 옆으로 퍼져나가면서 담채 위에 서예를 한 작품도 나옵니다. 화면이 색으로 덮이는 현상이 흥미롭습니다. 그림도 내 멋대로 그리다 보니 문인 화풍이라고 말하기 어려운 작품도 많습니다. 조선시대 풍속화 같기도 하고, 현대의 만화풍 그림 같기도 합니다.

　최근에 담미헌을 방문한 분이 그런 유형의 작품이 마음에 든다면서 가져가겠다고 하여 작품을 준 일도 있었습니다. 처음 시도해 본 이 작품에 애정을 가지고 있습니다.

*석화(왼쪽 작품)는 경북도청, "자문대사"실에 걸려 있음

서각을 화면 가운데에

　2007년도 저무는 12월 하순에 '서예文化'에서 기획한 초대전을 예술의 전당 서예관에서 가졌습니다. 그때는 실험 작품을 만든다면서 전통 서예에서 많이 벗어난 작품을 만들고 있었습니다. 전통에서 많이 벗어났다는 것 때문에 나를 초대해주었다고 생각합니다. 서예 문화의 정태수 선생이 내 작품에 많은 관심이 있었습니다. 도록을 펼쳐보니 민화풍의 그림, 알록달록한 색상 그리고 서각작품이 섞여 있었습니다. 서예인들이 내 작품을 보고 어떤 생각을 하였을까요? 아마도 서예 작품으로 인정해주지 않았으리라 생각됩니다.

　서예에 그림을 함께 그리면서 '시중유화詩中有畵'라는 논리를 가져왔습니다. 그러나 위의 작품을 보면 서예글씨는 구석으로 밀려나 있고, 서각 작품이 한가운데를 차지하고 있습니다. 배경은 민화풍의 붉은색 꽃잎으로 가득 차 있습니다. 이 작품을 마주한 감상자들은 눈이 부시다, 라고 느꼈을 것입니다. 서각을 배우러 가니 서각을 하는 이들이 글자의 형태를 마음껏 비틀었습니다. 글자 파기가 끝나면 글자의 형태를 더 선명히, 좀 더 아름답게 드러내기 위해서 독특한 색을 입혔습니다. 서각인들은 자서자각自書自刻이라 하여 작가가 직접 글씨를 쓰고, 그 글씨를 직접 파냄으로 작품을 완성합니다. 대부분 서각인은 붓글씨를 공부하지 않았으므로 유명 서예인의 글씨를 받아서 파는 작업을 하였습니다. 말하자면 타서자각他書自刻인 셈입니다.

 이런 방식으로 작품을 만든다면 목각木刻을 전문으로 하는 장인이지 어떻게 예술가라고 할 수 있을까, 라는 생각이었습니다. 나는 서예를 공부하였으므로 자서自書에 자신감을 가진 탓이 아니었을까 싶습니다. 그래서 서각에 매달렸습니다. 솔직히 말해서 조형미의 추구는 서예 글씨보다는 입체적 표현이 가능한 서각이 훨씬 유리했습니다. 서각을 할 때 새 나무판보다는 역사나 이야기가 있는 목판을 구하면 더 좋겠다는 생각을 했습니다. 우연히 시골길을 가다가 옛 정자를 허물면서 나온 난간의 나무판자가 눈에 들어왔습니다. 이 정자를 이용했던 선인들의 자취도 새겨져 있고 이야기도 있을 듯했습니다. 집을 허물면서 쓰레기로 버리는 나무판자도 이용하였습니다.

 과감한 시도를 한 것이라면 작품의 중심에 서각을 배치한 것입니다. 겨우 몇 자인 서예 글씨도 주변부로 밀려나고 지면을 민화풍의 원색으로

夢筆生花 _ 한지, 아교, 석채, 나무, 아크릴물감 _ 28*48cm

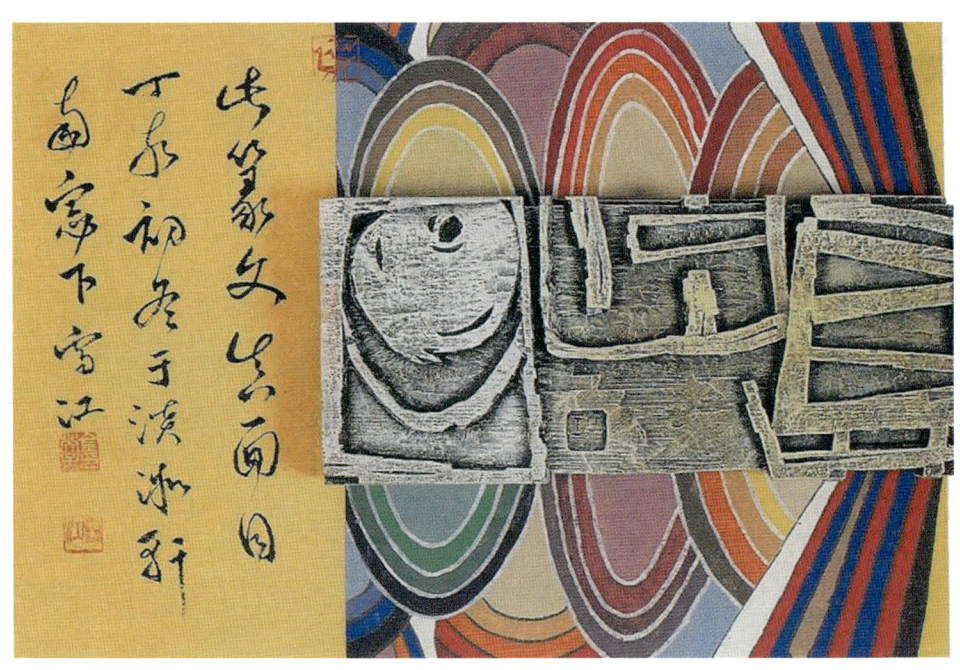

眞面目 _ 한지, 아교, 석채, 나무, 아크릴물감 _ 35*52cm

빈틈없이 채웠습니다. 빽빽하게 채운 진한 붉은색도 전통 서예인의 눈에는 낯설기만 할 것입니다. 낯설기만 한 것이 아니고, 서예 작품으로 도저히 인정할 수 없다고도 하겠습니다. 원색의 붉은색은 전통 서예인의 눈에는 여간 거슬리는 것이 아닐 것입니다.

  문인 사대부들이 즐겨 주장하는 것이 '여유의 미'입니다. 작품에서 빈 공간을 일부러 남겨 두었습니다. 이 작품은 빈 공간을 전혀 남겨두지 않았습니다. 뿐만 아니라 사대부들이 싫어하는 원색을, 그것도 붉은색으로 칠하였으니 서예 작품으로 본다는 것은 무리일 것입니다. 적은 수의 글자이긴 하더라도 엄연히 서예 글씨인 글자는 금니로 하였습니다. 색의 조화를 고려하여 선택한 색이었습니다. 전통 서예는 흑백을 위주로 작품을 만들었고, 색을 사용하더라도 담채의 범위를 벗어나지 않았습니다. 색채의 선택에도 나름 많은 고민을 하였습니다.

  서예는 배지를 한지로 한정하는 경향이 있습니다. 그러나 각을 하면 목판이 배지의 역할을 합니다. 관람자의 눈에는 한지가 주는 미감과 목판이 주는 미감이 다를 것입니다. 배지는 한지만이 아니고 비단이나 무명천 등 다양한 재료를 사용할 수 있습니다. 한지에 흑색 먹으로만 만드는 작품보다는 이렇게 만들면 관람자의 시선을 많이 끄는 것은 분명하였습니다. 이 작품 앞에 관람자들이 오래 서 있었습니다.

민화를 나의 작품에

　백악 갤러리에서 전시회를 가질 때까지 몇 년 동안은 새로운 실험을 한다면서 여기저기 기웃거렸습니다. 나의 관심을 끈 것은 서각과 민화였습니다. 서각과 민화는 전통 서예와는 거리가 멀어 보입니다. 작품에 두 분야를 가져오고 싶었습니다. 몽필생화夢筆生花도 그렇게 하여 태어났습니다. 이 기획전에 몽필생화와 유사한 작품을 여러 점 전시하였습니다. 그 중의 하나가 '외관내직外寬內直'이라는 작품입니다. 이 작품은 서각과 그림만으로 구성되어 있습니다. 이 작품에서는 외관내직이라는 글자를 비틀어서 쓴 서각보다는 그림이 더 강조되어 있습니다.

　외관내직이라는 사자성어의 의미를 어떻게 풀어서 그림으로 보여줄 수 있을까를 고민했습니다. 형제간의 우애를 다룬 우리 민담에서 그림을

萬事分已定 浮生空自忙 _ 34*64cm

가져왔습니다. 한문의 본래의 뜻과는 얼마나 부합할지는 모르겠습니다. 겉으로가 아니고 우애를 지키려는 속 깊은 정의 표현으로 만들어 보았습니다. 화려한 색상은 민화에서 가져왔으나 형상은 단순화하여 표현하였습니다. 작품의 윗부분에 색상을 배열한 것은 아랫부분의 색상과 조화를 이루려는 의도였습니다. 그러나 전통 민화와는 조금 다르게 표현했습니다. 두 형제의 얼굴 표정은 약간 유머러스하게 표현하였습니다. 멋쩍을 때 짓는 묘한 표정으로 해보았습니다. 서각과 그림만으로도 의미 전달이 분명한데, 여기에 서예 글씨를 덧붙이는 것은 사족처럼 느껴졌습니다. 서

外寬內直 _ 61*34cm

예 씨가 없는 작품을 서예 작품이라고 할 수 있을까요? 왜 이런 작품을 전시장에 걸었을까요? 그때는 다양한 실험을 해보고 싶었습니다.

이와 유사한 작품을 또 한 점 소개하겠습니다. '萬事分己定 浮生空自忙'입니다. 서각을 양쪽에 배치하고, 민화풍 그림을 가운데에 그렸습니다. 그림의 색상은 민화풍이지만 형상은 기하학적 도안에 가깝도록 단순화하였습니다. 우리가 항상 만나는 자연 풍광을 형상화하였습니다. 이 그림에서 중요한 요체는 물에 발을 담그고 있는 선비입니다. 이 작품을 만들면서 중국의 수많은 고대 시인들이 읊은 자연시를 생각하였습니다. 도연명의 귀거래사도 이런 분위기라고 생각했습니다.

도연명의 귀거래사 전부를 한문 서예로 쓴 작품을 전시한다면 얼마나 많은 사람이 그 앞에서 감동할까요. 예전에는 많은 사람이 감동을 받았을 것입니다. 그러나 한문을 이해하지 못하는 현대인도 그럴까요? 서각과 민화를 나의 작품 세계에서 버리지 못하는 또 하나의 이유가 있습니다. 전시장에 들린 관람인들이 전통 서예 작품보다는 이런 종류의 작품 앞에 많은 사람이 오래 서 있었습니다. 이외에도 민화를 차용한 작품을 여러 점 만들었습니다. 민화의 그림은 그림 자체가 문자처럼 의미를 가지고 있어서 찾아보면 서예로 가져올 수 있는 그림이 많습니다.

서예와 서각, 민화를 조합하다

　서각의 조형미와 민화의 색채에 빠져서 서각과 민화만을 조합한 실험 작품을 만들었습니다. 감상자들도 서예 작품으로 인식하지 않은 듯하였고, 나 자신도 이걸 서예 작품이라고 할 수 있을까, 라는 회의에 빠졌습니다. 그때나 지금이나 나는 서예 작가라는 생각으로 작업에 임합니다.

　서예 글씨도 함께 쓰자, 서예 작가인 나로서는 이런 생각을 하는 것은 지극히 당연합니다. 그런데 어떻게 조합할 것인가는 순전히 나의 몫이었습니다. 나는 예술의 전당 전시회 때 서각과 민화만으로 조합하였던 내 작품 앞에 관람자들이 오래 서 있었던 기억이 지워지지 않았습니다. 그러나 결과적으로 서각과 민화가 중심이고, 서예 글씨는 곁다리처럼 보이는 작품이 되어 버렸습니다. 그렇더라도 서예가 민화 서각과 조합이 될 수 있다는 가능성을 알았습니다.

'학이시습學而時習'은 논어의 첫머리에 나오는 글로서 그 의미와 함께 현대인들도 이 구절은 잘 알고 있습니다.

>   學而時習之 不亦樂乎
>   有朋自遠方來 不亦樂乎
>   人不知而不慍 不亦君子乎
>   배워서 때마다 익히면 또한 기쁘지 아니한가?
>   벗이 먼 곳으로부터 옴으로 또한 즐겁지 아니한가?
>   남이 알아주지 않아도 화내지 아니하면 또한 군자가 아니겠는가?

이와 같은 내용을 조화롭게 담아내려면 어떻게 조합해야 할까, 글씨는 어디에 쓸까 등 이런저런 궁리를 했습니다. 학이시습을 서각으로 만드는 것은 가능하나 감상자들이 내용을 이해하도록 그림을 그리는 것은 쉽지 않을 듯했다. 분명한 것은 '불역낙호不亦樂乎'의 표현이었습니다. 인물 표현을 웃고 즐거워하는 모습으로 그리되 민화에 나오는 모습이 아니라 현대인의 모습으로 그리기로 했습니다.

그림의 배경은 나무로 하였습니다. 둥치도 있고, 꽃도 있고, 잎도 있는 나무이지만 담채라서 잘 드러나지 않았습니다. 인간이 공부를 하여 인격이 성숙하는 것을 나무가 자라는 것으로 표현했습니다. 인물은 선비들이 마음으로 즐기는 것만 표현하기보다는 현대인들 특히 공부하는 학동

學而時習 _ 74*82cm

기의 어린이를 그리는 것이 논어구의 내용과 더 부합한다고 보았습니다. 어린 학생들이 책상 앞에서 즐거워하는 모습을 그렸습니다. 공부를 상징하는 붓, 옛날 서책, 옛날 문서철, 학업의 상징인 사각모와 안경도 그려 넣었습니다. 안경을 끼고 책을 읽는 노인을 상징하는 의미에서 함께 넣었습니다. 글씨는 행·초로 썼습니다.

  이 작품은 서예 글씨를 서각, 민화와 조합하여 만들어 본 작품입니다. 그러나 이 작품도 서예 글씨는 그림과 색상 속에 묻혀버린 느낌입니다. 행초로 쓴 글씨를 전면에 드러내더라도 읽을 수 있는 현대인이 얼마나 될까요? 이와 비슷한 작품을 여러 점 만들었습니다. 상희라든지, 중화中和도 이런 종류의 작품에 속합니다. 마음을 흡족하게 해주고 재미있는 작품인 것은 분명한데, 과연 서예작품이라고 할 수 있을까, 하는 회의는 지워지지 않습니다.

춘강화월야 春江花月夜

　실험 작품을 한답시고 정신없이 작업하다 보니 어느 순간 서예가라는 본분을 잊어버렸다는 생각이 들었습니다. 작품에 서예글씨가 보이지 않았습니다. 다시 본분으로 돌아가야겠다는 생각으로 시도한 작품입니다. 서각과 민화, 그리고 시가 어우러져서 서로의 장점을 잃지 않는 작품을 만들어 보고 싶었습니다. 세 분야를 조합하려면 방법은 뻔합니다. 서예가 살아나려면 서예 글씨가 눈에 확 뜨이도록 합니다. 그러면 글자가 화면의 많은 부분을 차지하여 서각과 민화는 주변부로 밀려납니다. 서각 글씨는 정자체가 아니고, 그림도 일반 민화 양식에서 많이 벗어났습니다. 왜냐면 내 멋대로 그렸기 때문입니다. 이렇게 작품을 만들면 나의 의도가 나타날까요?

장약로張若盧의 시 춘강화월야春江花月夜를 작품으로 만들어 보았습니다. 춘강화월야는 서정성이 짙은 시로서 꽤 길었습니다. 서예글씨를 어떤 체로 써야 어울릴까, 예서나 해서와 같은 정자체로는 어울리지 않을 것 같았습니다. 실제로 실험해 본 결과 어울리지 않았습니다. 그래서 서체는 행·초로 정했습니다. 시제詩題는 서각 작품으로 표현하였습니다. 시의 내용을 그림으로 담아 보았습니다. 그림에서 시의 정취가 느껴질까요?

봄날의 파도가 끝까지 보이는데
바다 위에 물결 조수가 더불어 명월이 떠오른다.
저 달이 파도 따라 천만리를 비추는데
어느 곳 강 위에 비치지 않는 곳이 있으랴.

강물은 빙빙 언덕을 돌아가고
달빛은 화원을 비춰 싸락눈처럼 희도다
하늘에서 서리가 내려오는 것인지
물가의 흰 모래도 분간할 수 없구나.

하늘과 강, 한 색으로 그지없이 맑고 맑은데
환한 공중에 둥근 달이 홀로 외로이 떠 있다.
강둑에서 어느 사람이 처음으로 달을 보았을까
저 달이 어느 해에 처음으로 사람을 비추었을까.

환한 달이 떠오르자 강가의 모래도, 화원의 꽃밭도 온통 흰색으로 보입니다. 시에서 그림 같은 풍광이 느껴집니다. 이런 정경을 동양화 한 폭으로 그려낼 수도 있으련만, 나는 동양화가가 아니므로 내 양식으로 담아내려 하였습니다. 시의 내용이 아주 서정적입니다. 나는 한 부분 한 부분으로 나누어서 그림으로 담았습니다. 그러나 시를 읽지 못하는 나로서는 그 정취를 담아내기가 어려웠습니다. 한문을 읽을 수 있다는 것이 전제되면 그림이 조금 모자라도 정취를 느낄 수 있을 텐데 아쉬웠습니다. 작품의 양식으로는 괜찮은 것 같은데 만족을 주지는 못했습니다. 결국 그림으로 시의 서정과 정취를 느끼도록 그려야 하였습니다. 이런 문제가 한문 서예가 극복해야 할 문제라고 생각합니다. 그러나 쉽지 않을 것입니다.

春江華月夜 _ 73*76cm

화려한 색상이 마음을 끄네

　대구 봉산문화회관에서 가진 11회 개인전 때 발표한 이 작품은 전시회의 중심 작품은 아니었습니다. 11회 개인전 때는 다양하게 실험한 작품을 선보였고, 이 작품은 그중의 하나입니다. 화사한 봄을 표현한다면서 매화를 분홍빛 색상으로 화면의 3/4을 채웠습니다. 분홍색 꽃을 배경으로 이방응의 시를 행초로 썼습니다. 그림과 서예를 조합하는 작품은 행초를 많이 썼습니다. 예서나 해서는 딱딱해서인지 작품의 전체 분위기와는 어울리지 않았습니다.

　이방응이라는 화가는 청나라 때 양주에서 활동한 화가 겸 시인으로 '양주팔괴' 중의 한 사람입니다. 그들은 문인화풍의 그림을 그리지만 판매를 목적으로 그린 직업화가에 속합니다. 이 그림은 내가 심혈을 기울여서 제작한 여타 전시작품에 비하면 가벼운 마음으로 그렸습니다.

> 종이 위에 붓 휘두르듯이 먹색 산뜻하네
> 매화 몇 점 그려 놓으니 참으로 즐겁구나
> 하늬바람 빌려서 멀리멀리 날려서
> 집집마다 거리마다 활짝 봄 되게 하고 싶다.

이 시도 이방응이 그린 매화 그림의 제화시題畵詩였습니다. 배경으로 매화를 화사하게 그렸으니 제화시로는 잘 어울립니다. 그림의 분위기를 시로 잘 묘사하였다고 느낄 것입니다. 전시회를 관람하러 온 많은 이들이 이 작품이 마음에 든다고 하였습니다. 관람자들은 이방응의 시를 읽고 시적 흥취에 젖어 이 작품을 감상한 것은 아닐 것입니다. 이 시를 읽을 수 있는 사람이 몇 명이나 될까요. 그들의 시선을 끈 요인은 밝고 화사한 색감이었을 것입니다. 놀랍게도 이번 전시회에서 판매한 작품 중에서 이와 유사한 작품이 2점이나 팔렸습니다.

  내가 늘 주장한 것이 우리도 팔리는 작품을 만들자는 것이었습니다. 그렇다면 앞으로는 이런 종류의 작품으로 방향을 바꾸어야 할까요. 내가 추구하는 방향은 서각, 민화, 서예를 조합하여 작품을 만드는 것입니다. 이 전시회를 기점으로 내 작품에서 그림이 차지하는 비중이 높아졌습니다. 그림도 될 수 있으면 인간의 감성을 자극하는 쪽으로 그렸습니다. 그러다 보니 '이발소 그림'이라는 것이 나의 관심을 끌었습니다. 통속적 작품이라고 예술계에서 추방당한 그림입니다. 묘하게도 이발소 그림이 인간의 향수 심리를 자극하여 감성적으로 만든다고 보았습니다. 나도 담채의 은은함을 내세워 향수심리를 자극하는 옛날의 풍광을 담아내는 작품을 만들었습니다.

題畫梅 李方膺時 _ 35*74cm

그림을 목각하다

　지금까지 꾸준히 실험을 한 것은 사실이지만 하나의 틀에서 벗어나지는 않았습니다. 기본 글자는 서각으로 처리했고, 여기에 그림을 조합하여 서각-그림의 기본 구도를 가진 작품을 하였습니다. 다시 서예라는 본령을 살리기 위해 서예-서각-그림의 조합을 꾀하였습니다. 그림은 가능하면 서예 글이 묘사한 정경을 살리려 하였습니다. 그림이 품고 있는 서정적 분위기도 살려보고 싶었습니다. 큰 변화라면 서각을 작품의 분위기에 맞는 그림으로 목각을 한 것입니다. 목판에 그림을 그리고 파낸다는 것이 쉽지는 않지만 화면을 차지하는 그림의 일부가 되어서 전체를 하나로 통합하는 효과가 있었습니다. 내 의도가 어느 정도는 이루어진 것 같았습니다.

서각을 하는 작가 중에는 그림을 목각하여 화려한 색으로 채색한 작품을 만드는 분도 있었습니다. 너무 화려한 색은 나의 감성에 수용되지 않았습니다. 그래서 진채보다는 담채가 더 끌렸습니다. 그렇다면 서예의 문장 또는 시는 어떻게 조화를 이루게 할까가 과제였습니다. 시가 묘사한 정경을 그대로 나타내기보다는 글의 분위기만 표현하면 어떨까, 라는 생각으로 만든 것이 이백의 시작품입니다. 의도한 대로 작품이 만들어지지 않으면 곧잘 하는 말이 있습니다. '괜찮아. 이것은 실험을 해 본 작품이잖아.'라고 스스로 위안합니다. 이 작품도 '괜찮아'라고 말한 작품이 되었습니다. 본래 분위기만 나타내려 한 것이니 완성도가 낮아도 괜찮다고 위안했습니다.

행초로 쓴 서예 문장은 이백의 유명한 시 '산중문답山中問答'입니다. 중국 미학으로 억지를 부린다면 '공空' 또는 '허虛'의 분위기라 할까요. 이 시가 가진 정서를 시골의 한적한 분위기로 드러내고 싶었습니다. 또 하나는 목각으로 표현한 그림입니다. 초가가 있고, 장독이 있고, 외할머니를 닮은 할머니가 있고, 마당에는 강아지가 깡충거리고 있습니다. 이런 것을 '이발소 그림' 양식이라고 생각하였습니다. 인간의 향수 심리를 자극한다고 보았습니다.

또 하나는 담채로 그린 시골의 들녘 풍경입니다. 원경은 흐릿하여 상상 속으로 스며들어 가는 듯합니다. 적막이 물씬 풍기는 분위기를 표현해 내려고 고심하였습니다.

퇴계 이황시 _ 45*65cm

山中問答 _ 38*82cm

그대는 왜 푸른 산에 사는가 묻노니
웃을 뿐 대답 않고 한가롭네
복사꽃 띄워 물은 아득히 흘러가는데
별천지 따로 있어 인간 세상 아니네.

　별유세계의 상징으로 화면에 복사꽃을 그렸지만, 시의 의미를 전달하는 데는 실패하였습니다. 내 작품에서는 도화원의 세계가 느껴지지 않았습니다. 이 작품은 감성적이고 고요한 분위가 압도하고 있습니다. 이백이 말하고자 하는 깊은 의미를 담아내지는 못하였습니다. 그러나 감성적 분위기를 자아내는 표현이 마음에 들어서 목각 그림과 조합하는 이런 종류의 작품을 여러 점 만들었습니다. 또 하나는 우리의 감성을 두드리는 상용적인 방법을 채택하였습니다. 옛날을 회고하여 향수 심리를 자극하는 방식입니다. 흔히 이발소 그림이라며 예술인들은 기피하는 표현인데, 창의성이 없는 양식이라는 이유입니다. 나는 목각 그림에서 이발소 그림 양식을 가져왔습니다. 어차피 내가 즐겨 차용하는 민화 양식도 상투적인 양식이니까 이발소 그림 양식이라고 기피할 이유가 없다고 생각하였습니다.

5부

뒤돌아보니

　남편이 딸과 나눈 이야기라면서 이렇게 말했습니다. "내가 은지더러 엄마를 생각하면 제일 많이 떠오르는 것이 무엇이냐고 하였더니 제때 밥을 먹지 못한 것이라고 하더라." 무슨 말이냐고 하였더니 학교 공부를 마치고 집에 와서 "엄마, 밥 줘."라고 하면, 붓을 쥐고 있는 엄마는 "조금만 기다려 이것마저 끝내 놓고."라든지, "한 줄만 더 쓰고."라고 하였답니다. "내가 그랬어? 아닌데." 하니까. 남편도 "그랬어. 나도 제때 밥을 못 먹은 일이 많았어."라고 하였습니다.

　딸아이가 말한 그때라면 아마 1986년에 대구로 이사를 온 뒤의 일인 듯합니다. 그때 딸아이는 초등학교를 다녔는데, 대구로 오기 전부터 나는 왕철 선생에게 서예 공부를 했습니다. 대구로 이사를 온 후로는 더 열심히 다녔습니다. 체본을 받아오면 쓰고, 또 쓰고 하였습니다. 나이 탓인지 시간이 아깝다는 생각이 들어서 연습하고 또 연습하였던 것은 사실입니다. 남편이 말하기를 "내가 집에 있는 날에 보면 아침에 붓을 쥐고 8시간 동안 꼼짝하지 않고 연습을 하더라."라고도 하였습니다. 뒤돌아보니 그랬던 것 같습니다. 붓을 쥐고 있으면 시간의 흐름이 느껴지지 않았습니다. 실험작품을 구상하고, 만들어 보는 지금도 그렇습니다. 이런 날은 점심시간을 훌쩍 넘겨버리고 점심을 먹지 않을 때가 부지기수입니다.

그 무렵 왕철 선생 밑에서 공부하던 사람들은 대체로 나보다 연세가 많았습니다. 모두 서예를 즐기면서 욕심은 없는 사람들이었습니다. 왕철 선생이 돌아가시고 제자들이 '연락회'라는 모임을 만들었습니다. 나는 연락

전시 작품 도록

회원들과 오랜 교류를 했습니다. 지금은 많은 분들이 돌아가시고, 연락회도 유명무실해졌습니다. '여난회'라는 동년배 여성 서예가 모임에도 참여했는데, 왕철 선생 밑에서 공부했던 인연으로 만난 사람들입니다. 이후로 서예를 그만둔 사람이 대부분이라 세속적인 여성 모임이 되었습니다.

내가 교류하였던 사람은 대부분 서예가들이었습니다. 내성적 성격이라서 남 앞에 나서거나 사람을 사귀는 일에는 둔했습니다. 대학을 졸업하고 사귀었던 사람을 보면 대학 동기들이거나, 아니면 서예와 관계있는 사람이 대부분입니다. 아이를 셋이나 키우고 학교에 보내면서도 학부모 모임에 참여한 기억도 떠오르지 않습니다. 그만큼 내 인생의 폭이 좁았지만 후회하지는 않습니다.

내가 나가는 서예인 모임에 '여성 초대 작가회'라는 것이 있습니다. 차례가 되면 회장을 맡아야 했습니다. 회장을 하면서 그 작은 모임을 운영하는데도 얼마나 곤혹스러웠는지 모릅니다. 서예를 하는 내 친구가 너는 사람 앞에 나서면 말도 더듬거리고 회장 인물이 못 된다고 했습니다. 동감합니다. 그래서 묵묵히 작품 제작만 하는 거야, 라면서 나 스스로 위안합니다.

나에게 글을 배우러 서실 담미헌에 나오시는 분도 여럿 있습니다. 이분들은 공모전이라든지 명예와 관계되는 것에는 관심이 없습니다. 나 또한 제자를 공모전에 입상시켜 줄 능력도 없습니다. 순수하게 서예를 취미생활로 생각하고 나오시는 분들입니다. 그분들이 담미헌에 나와서 서예도 하지만 세상 돌아가는 이야기를 많이 나누곤 합니다. 세상 이야기는 그분들에게 귀동냥을 합니다.

  2000년대에 들어서서 경북대학교 평생교육원에 서예 강사로 10여 년간 출강했습니다. 회원들이 수강생의 자리를 채워주셔서 10여 년을 무탈하게 보냈습니다. 여기도 무슨 권력이 작용하는지 평생교육원장이 바뀌면서 물러나야 했습니다. 내 뒤를 이은 선생은 수강생이 없어서 1년 만에 강의가 없어졌습니다. 서예 강사 10년은 단순한 강사 자리가 아니었고, 나와 수강생 간의 인간 관계를 말해주는 것 같아서 지금도 흐뭇합니다. 담미헌에서 세상 돌아가는 것을 멀리서 바라보며 사는 것이 제격인가 봅니다.

  나의 지난 인생을 돌아봅니다. 나의 지난날은 오로지 서예로만 채워져 있었습니다. 서예와 더불어 내 인생사의 탑을 쌓아왔습니다. 그 탑의 층층에는 슬펐던 일도 즐거웠던 일도 묻어 있습니다. 물론 즐거웠던 일이 훨씬 많습니다. 그래서 지금도 서예에 온 정신을 쏟고 있습니다.

매년 전시회를 가지다

    2009년의 백악 갤러리 전시회 이후로 2016년까지 매년 개인전을 가졌습니다. 매년 전시회를 하다니 지금 생각해도 스스로 믿어지지 않을 만큼 서예에 빠져 살았습니다. 그만큼 작품제작에 열심이었고, 서예에 열정적이었다고 생각합니다. 아마 구속을 받지 않고 내 멋대로 작품을 만들 수 있다는 소신 때문이 아니었나 싶습니다.

    2010년에는 서울 이형 아트센터에서, 2011년에는 서울 기온 갤러리와 대구 봉산문화회관에서 개인전을 가졌습니다. 2013년에는 봉산문화회관에서, 2014년에는 서울 이형아트센터에서, 그리고 2015년에는 서울 인사동 가나아트센터에서 개인전을 가졌습니다. 2016은 다시 봉산문화회관에서 개인전을 했습니다.

서울 가나아트센터 전시회는 심사를 거친 후에라야 전시회를 한다고 했습니다. 서예는 아예 심사 대상도 아니었습니다. 내 작품의 실험성을 내세워 김양동 선생님이 전시회를 할 수 있도록 도와주셨습니다. 나는 가나아트센터 개인전에 큰 의미를 부여하면서 열심히 준비했습니다. 이듬해 대구 전시회는 서울 전시회의 성과를 대구 지역에 알린다는 뜻도 다분히 있었습니다. 이 기간에 나는 많은 실험 작품을 선보였습니다. 순수한 서예 작품이랄 수 없는 작품도 많지만 전통적인 서예 작품도 전시하였습니다.

그 기간에 수많은 그룹전과 기획전에도 참여하였습니다. 외국과의 교류전에도 참여하였습니다. 2017년부터는 개인전과 그룹전의 참여 횟수가 떨어졌습니다. 2010년대가 가장 활발하게 작품활동을 한 시기였습니다. 지난날의 도록을 보면서, 내가 나를, 또 다른 이들이 나를 어떻게 바라보았는가를 회고해보겠습니다.

2011년의 '한국서예 대학파 시각전' 때는 나의 작품 경향을 이렇게 소개하였습니다.

"1980년대 한국 서예계에서 흑백의 모노톤에서 벗어나 다양한 색을 사용하고 문자를 변형하여 표현하는 현대 서예라는 시도가 있었음을 알고 있습니다. 저도 현대서예 흐름에 동참하면서 나름대로 민화와 서각이라는 장르를 서예 작품 안에 융합하는 방법으로 작품을 만들어 보았습니다."

2013년 대구의 봉산문화회관에서 가진 전시회는 나의 작품세계를 종합적으로 선보인 자리였습니다. 김양동 선생이 머리글을 주셨는데 '雪江 작품의 新境'이라는 제목을 써주었습니다. "설강 김영자 선생은 서예가로서는 좀 특이하다. 다른 서예가와는 다르게 서예, 민화, 서각의 세 장르를 한 화면 속에 융합하여 표현하는 독자적인 작업을 하고 있다." 나의 서예관을 한마디로 요약하여 소개해 주셨는데, 충고도 잊지 않았습니다.

"설강의 작업은 한문 서예를 잘 이해하지 못하는 오늘의 관람자들에게 민화의 강한 채색으로 한국인의 고유한 정서를 자극하고, 서예보다 조형미 구축에 훨씬 뛰어난 서각을 도입하여, 장식성이 가미된 한문 서예의 의미를 은유적으로 설명하려는 데 있다. 작가에겐 이런 몸부림과 고뇌를 거쳐서 진화하고, 발전의 단계를 거쳐 간다. 서예, 민화, 서각의 결합에서 강은 아직 서예에 의미를 두고자 하는 자세를 견지하고 있다. 그것은 장점일 수도 있고, 장애가 될 수도 있다. 세 가지 장르의 결합에서 초래하는 마찰과 충돌을 더욱 대립시켜 이미지를 강조하느냐, 아니면 멋지게 조화시켜 새로운 경지를 열어갈 것인가 하는 문제가 작가에게 안겨져 있다."

김양동 선생은 과감한 시도를 칭찬하면서도 따끔한 충고도 잊지 않으셨습니다. 처음으로 색채를 도입하였을 때 선생은 고개를 저었습니다. 그러나 차츰 예술적 도전과 실험으로 인정하며 긍정적으로 봐주었습니다. 선생의 충고는 항상 나의 가슴속에서 해결하지 못하는 숙제로 남아 있습니다. 지금도 이 문제를 풀어보고자 하지만 답이 보이지 않습니다.

2014년에 '인사 아트플라자 갤러리'에서 가진 전시회에서도 앞의 글과 같은 내용을 말했습니다. "이번 전시회는 토탈아트라는 시대 명제를 담

愛・聖・眞 | 140*70cm

上善若水 | 140*70cm

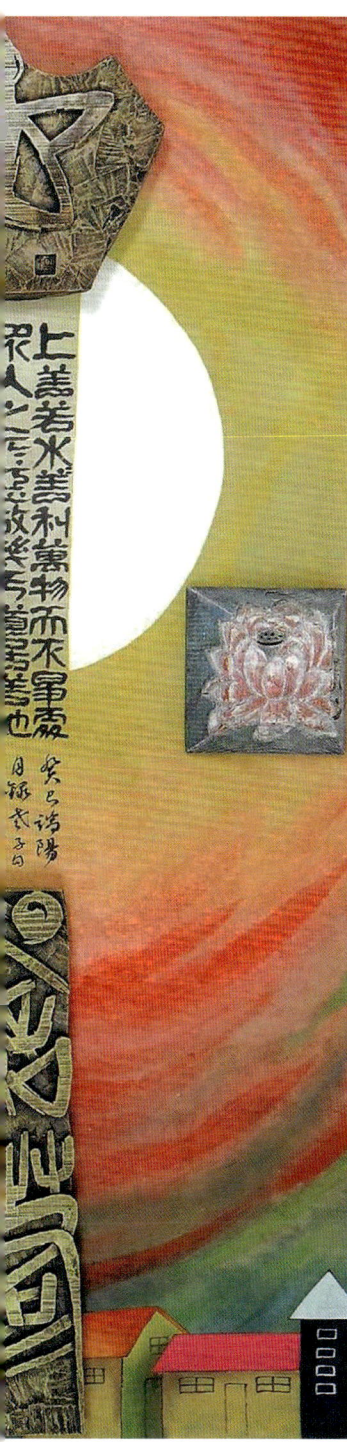

望・花・遊 140*70cm

아내기 위해서 다양한 실험을 해보려 합니다. 나는 서예 예술에서 문자가 갖고 있는 원시적 조형 형태를 현대적 미감에 적합한 표현을 하고자 합니다. 문자의 조형미와 내면적 의미성을 가진 서예를 인접 예술 분야와 접목함으로 서예의 영역을 확장하고자 합니다." 내가 시도하는 실험은 서예를 버리자는 것이 아니고, 서예의 영역을 확장하고자 하는 것이 목표였습니다. 처음 하는 시도이기 때문에 시행착오도 있다는 것을 인정합니다. 2015년 서울 인사동 가나아트센터 전시회에 많은 힘을 쏟았습니다. 내 나름으로 작품 경향을 종합적으로 보여드리려 하였지만 좌절과 실망을 남긴 전시회였습니다. 내 인생에서 서예 이야기가 대부분을 차지합니다. 그만큼 서예는 나에게 중요합니다.

가나아트센터에서 전시회를 가지다

2014년 대구 봉산문화회관에서 전시회를 가진 후에 나는 상당히 고무되어 있었습니다. 근원 선생이 소개 글에서 나의 작품 세계를 긍정적으로 이해해주며 분발하라는 격려의 말씀도 하셨습니다. 그전에는 내 작품에 색상이 진하게 들어간다면서 불만의 말씀을 하셨기 때문입니다. 대구의 매일신문에서도 지면의 많은 양을 할애하여 나의 전시회를 소개했습니다. 비서예인들도 많이 와서 관람을 했고, 좋은 반응을 보여주었습니다. 그들은 처음 보는 서예 작품을 신기한 듯 혹은 이상한 듯 바라보았습니다. 작품을 구입해 간 사람도 있었습니다. 이런 사실들이 나를 기쁘게 해주었고 용기를 주었습니다.

나귀를 타면 경마를 잡히고 싶다는 심정이 되어 서울 유명 전시장에서 개인전을 해보고 싶었습니다. 여기저기 수소문을 하였더니 가나아트센터는 사전에 심사를 통과한 작가만을 선정하여 전시회를 가진다고 하였습니다. 그러나 서예 작품은 아예 심사 대상이 되지 않았습니다. 얼마 전에 그곳에서 민화 특별전을 관람한 일이 있어서 내 작품의 성향이면 가능하지 않을까, 하는 생각을 했습니다.

그때 근원 선생이 예술의 전당 서예관 전시실에서 '성철 선사 탄생 백주년 기념 전시회'가 있다고 알려주었습니다. 전시장에 들렀더니 선생의 작품이 대학에 계실 때 하던 작품의 연장인 듯이 느껴졌습니다. 근원 선

백복자집百福自集 / 채근담菜根譚 _ 52*85cm

생도 자기만의 세계를 추구하여 전통 서예계에서 인정받지 못한다고 생각했습니다. 성철 선사 100주년이라면 대단한 전시회인데, 쟁쟁한 전통 서예인을 제치고 근원 선생에게 전시를 맡겼다는 것도 충격이었습니다. 세상으로부터 숨어 있는 듯하는 인물이지만 알아주는 사람들은 역시 알아주는구나, 싶어서 감격했습니다.

　근원 선생에게 인사동 가나아트센터에서 전시회를 하고 싶은데, 서예 장르는 심사 대상도 안 된다고 하였더니 알아봐 주시겠다고 하였습니다. 그리고 얼마 뒤에 심사에 통과하였다는 연락이 왔습니다. 나는 서예가로 심사를 통과한 것에 묘한 자긍심을 느꼈습니다. 내가 시도한 실험 작품으로 국전 공예전에서 최우수상을 받은 것이 심사에 영향을 주었던 것 같습니다. 순수 서예 작품이 아니라 다른 장르와 융합한 작품이 흥미를 끌었나 봅니다. 근원 선생의 도움으로 꿈꾸던 가나아트 전시도 성사되었고, 선생은 찬조 작품까지 내주시면서 격려해주었습니다.

　월간 '서예文化'의 정태수 선생이 해설문을 써 주었습니다. "현대는 여러 예술 장르가 하나로 모여서 색다른 예술 양식을 생성시킨다."라며 내 작품 세계를 이렇게 평해주었습니다.

　"작가의 근작에서는 너무 완숙해진 화면에 다양한 조형 메시지가 스며들어 있다. 서예를 통해 작품에서 전달하고자 하는 내용과 문자가 지닌 조형적인 맛을 전하고, 민화를 통해서 색채감과 시각적 효과를 가미시켰다. 서각을 통해 입체적으로 문자의 맛을 추가하면서, 강한 감각을 느끼게 한다. 세 가지 장르가 종합되면 시각적인 효과는 물론이고, 작품 속에

연然/논어論語 _ 35*115cm

스토리텔링도 담아낼 수 있어 일반적으로 회화에서 느낄 수 없는 복합적이고, 다의적인 조형 이미지를 지닌 작품이 되었다."

  선생의 평은 내가 시도하였던 의도를 잘 짚어주었고, 내 생각을 그대로 설명해주어서 만족스러웠습니다. 선생의 평만큼 작품을 잘 만들었을까 생각하면 과찬이었습니다. 나의 도록에 쓴 글이라서 주례사적인 비평인

줄을 알면서도 기분은 좋았습니다. 정태수 선생의 글에서 내 마음을 머물게 한 것은 '한국미'라는 말이었습니다. 이후로 '한국미'는 나의 화두가 되었습니다. 박생광 화백이나 이만익 화백, 장욱진 화백 등의 그림을 좋아하는 이유라면 한국적 분위기와 한국인의 심성을 잘 드러냈기 때문이라고 생각합니다. 그렇다면 나의 작품에도 한국미가 담겨 있다면 더 잘

담아내야겠다고 생각했습니다.

　서예만으로 작품을 만든다면 과연 한국미를 충분히 표현할 수 있을까요? 서예사에서 '동국진체'가 등장하여 한 시대를 풍미하긴 하였지만, 한국적이라고 할 수 있을까요? 뿌리 자체가 엄연히 중국이니 중국미의 한 유파라는 것이 더 맞지 않을까요. 가나아트에서 전시한 작품들은 한국미를 추구하긴 했으나 의식적으로 한국미를 표현한 것은 아니었습니다. 정태수 선생의 평문을 읽고 내 작품에 한국미를 담아보기로 다짐하였습니다. 그래서 지금은 한국미가 나의 화두입니다.

담미헌을 김광석 거리로 옮기다

　남편 친구 병원에 방 한 칸을 빌려 '담미헌'이라는 현판을 달고 작품을 만든 지도 여러 해가 지났습니다. 그곳은 우리 아파트와 10분 거리여서 드나들기에 좋았습니다. 더욱이 그 건물에는 '동양고전 연구소'라는 한문 공부 교실도 있어서 공부를 할 수 있어서 더 좋았습니다. 그러다가 어떤 사정으로 담미헌을 건물 지하로 옮겼습니다. 지하에는 습기가 많았습니다. 서예 작품의 배지는 습기에 취약한 한지라서 작품을 망치는 일이 종종 있었습니다.
　사람들의 발길이 끊어졌던 방천시장이 김광석 거리로 새롭게 태어나던 무렵이었습니다. 그곳에 10년 이상 내버려 둔 우리 소유의 한옥을 수리해서 작업실로 하면 어떨까, 하고 남편이 제안하였습니다. 집이 오래되고 낡아서 처음에는 철거를 하고 새로 지을 생각이었습니다. 집수리하는 사람이 와서 둘러보더니 "이 집은 골격이 좋습니다. 철거보다 수리를 하시지요."라고 말했습니다. 그래서 낡은 한옥을 수리하여 사용하기로 마음을 바꿨습니다.

 수리를 하고, 도색도 하여 새롭게 단장하고 보니 멋진 공간이 탄생했습니다. 차를 주차할 수 있는 마당도 생겼습니다. 담미헌이라는 현판을 판각하여 걸었습니다. 멀지 않는 거리에 지하철역이 있어서 집에서 다니기에도 그리 불편하지 않았습니다. 작품을 제작하는 공간은 더욱더 한국적인 분위기가 풍겼습니다. 내 맘에 쏙 들었습니다.

 예전 담미헌에서 서예를 공부하던 분들과 경북대학교 평생교육원에서 만난 분들도 나를 따라왔습니다. 이사한 담미헌에서 나와 함께 서예를 공부하는 사람이 20여 명 정도 되었습니다. 이분들은 서예를 오래 공부했지만 공모전에는 관심도 없었습니다. 서예는 변화가 많지 않아 10년쯤 하면 지루하여 그만두는 사람이 많습니다. 그러나 공모전에 입상을 하면 성취감 때문에 계속할 수 있다고 설득해도, 대부분의 사람은 "성취감은 무슨 성취감요. 내가 즐거워서 하는 것이고, 싫어지면 그만두면 되지요."라고 하였습니다. 한 번은 같이 공부한 회원들끼리 회원전이라도 가지면 어떻겠느냐고 제안하였습니다. 그들은 회원전도 관심 없다고 하였습니다. 작품을 남겨두면 후손에게 기념도 되고, 나를 기억해 주기도 하고, 라며 설득하여 회원전을 두어 번 한 일이 있습니다. 그러나 회원전을 지속한 것은 아닙니다.

나의 근본은 서예인이지만, 담미헌 작업실에서 민화도 그리고 서각 작품도 합니다. 그러나 나와 함께 공부하는 분 중에 민화나 서각을 배우는 사람은 없습니다. 내가 만든 작품을 보고 작품이 예쁘다든지, 좋다, 라며 감탄만 하지 다른 분야는 배우고 싶어 하지 않았습니다. 묵묵히 서예만 하였습니다. 이분들을 보면 장자가 말하는 허정虛靜의 경지에서 서예를 하시는 분들이구나 싶습니다. 동양 미학에서 말하는 '노닐다〔遊〕'의 분위기가 느껴집니다.

초정서실에 나갈 때는 모든 회원들이 국전 공모전을 말했고, 그 분위기에 휩쓸려 국전을 기웃거리기도 하였습니다. 허정의 마음이 아니고, 욕구에 가득차서 작품을 만들었습니다. 내 욕망에 휘둘려서 살아왔다는 생각이 들었습니다. 그러는 사이 같이 공부하시던 사람들도 함께 나이가 들어서 먼저 떠나가신 분들도 있습니다. 서실에 나와서 허리가 아프다는 이들도 있습니다.

담미헌을 옮기고 나서 즐거운 일이라면 손자 손녀들이 찾아오는 것입니다. 손자 손녀는 유치원을 다니고, 초등학교를 다니고, 지금은 중학교에 다니는 아이도 있습니다. 애들이 할머니 집에 오면 담미헌에 가자고 조릅니다. 담미헌에 데리고 오면 종이를 펴고, 붓을 쥐고, 그림도 그리고, 글씨도 쓰면서 재미있어합니다. 나도 즐거운 마음이 됩니다. 내가 성당 유치원에서 처음으로 그림 그리기를 하면서 즐거웠던 일이 떠올랐습니다.

새 담미헌에서 많은 작품을 만들었습니다. 2016년 이후로 개인전을 하면서 전시하였던 작품은 대부분 그곳에서 만들었습니다. 해가 지는 줄도 모르고, 어둠이 짙게 깔린 줄도 모르고 작품에 빠져 있다가 집에 가면 남편은 저녁 식사를 하지 않고 기다리고 있었습니다. 아주 옛날에 딸내미가 제때 밥을 먹지 못하였다고 하던 일이 여전히 일어나는 것 같습니다.

　담미헌에서 나의 작품 세계를 다듬었습니다. 남편도 작품 제작에 몰두하는 나를 이해해 준 것이 고마울 따름입니다. 은퇴하여 노후를 보내는 남편이 '문학사랑방'이라는 문학모임과 '그림사랑회'라는 그림 읽기 모임을 담미헌에서 하고 있습니다. 남편과 그림 공부를 하던 분이 나의 민화를 보고 배우고 싶어 하는 분도 있습니다. 담미헌은 내 작품이 태어나는 산실이면서, 내 인생을 만들어가는 공방이기도 합니다.

다시 국전과 인연을 맺다

　서각을 배우면서 각의 기초도 떼지 못하였는데, 선생은 대구의 '민간서각회'에서 주최하는 공모전에 출품하라고 권했습니다. 말도 안 되는 소리라고 하였더니 공모 작품이 일정한 점수를 넘어야 하기 때문이라면서 강요하듯이 말하였습니다. 거절하지 못해서 출품하였더니 입선이 되었습니다. 어이없어하니까 출품작은 모두 입선이라고 하였습니다. 서각은 그만큼 걸음마를 하는 태동기였습니다.
　서각의 역사를 보면 도장업과 목판 인쇄 판각 등으로 생계를 꾸리던 사람들이 도장이 사라지고, 판각은 인쇄에 밀려 설 자리가 없어졌습니다. 젊은 서각인들이 현대 서각이라는 이름으로 새로운 길을 모색하면서 서각이 나타났습니다. 현대 서각은 실용적인 용도가 아닌 예술작품을 지향한다고 하였습니다. 역사도 짧고 서각인이 많지 않다보니 이해가 가기도 하였습니다.

　대구의 서각인이 한국서각협회에 관여하면서 나더러 국전에 작품을 출품해 달라고 하였습니다. 이유는 대구의 서각 공모전 때와 같았습니다. 서각도 국전에 진입하였구나, 정도로만 알고 있었습니다. 국전에서도 내 작품이 입선을 했다고 알려주었습니다. 그분은 이듬해에도 국전에 작품 출품을 권유했습니다. 내가 실험하고 있는 작품을 출품하기로 마음먹었습니다. 서각과 민화를 조합한 작품이었습니다.

　그런데 내 작품이 국전 공예대전에서 최우수상을 수상했다는 연락을 받았습니다. 공예대전의 최우수상이라니 놀랄 일이었습니다. 그때서야 서각은 독립된 장르가 아니고 국전의 공예 장르에 소속되어 있으며, 공예는 금속, 민화, 목가구, 서각 등 8분야가 있다는 것을 알았습니다. 거기서 최우수상을 받았다는 것입니다. 나중에 들은 이야기인데, 서각과 민화를 조합한 것이 심사위원의 눈길을 끌었다고 하였습니다. 국전에서 서각은 독립된 장르가 아니고 공예 대전에 포함되어 있었습니다. 장르가 다른데 심사를 어떻게 하였는지는 모르겠습니다. 서각의 역사가 일천하다 보니 이런 일도 일어나는가 보다, 라고 생각하였습니다.

　서각도 서예처럼 상을 받으면 점수를 주고, 정해진 점수가 넘으면 초대작가라는 명칭을 부여하였습니다. 방법은 장르마다 조금씩 다르고, 아예 초대작가 제도가 없는 대전도 있었습니다. 서예 대전에서 입선한 점수까지 포함할 수 있으니, 초대작가라는 자격을 부여하며 수상 작품 매입도

일의 향학 _ 38*82cm

하였습니다. 명칭은 대한민국 미술 대전 초대작가라고 하였습니다. 그래서 나도 초대작가가 되었습니다. 기쁘기는 하였지만 지난날 서예대전에서 입·특선의 유혹에 휘말려 버둥거리던 생각이 나서 쓴웃음을 지었습니다.

오래전에 포기하였던 국전과의 인연이 엉뚱한 곳에서 맺어진 것입니

다. 초대작가라는 명칭을 사용할 수도 있다는 말도 들었습니다. 솔직히 기쁘기는 하였으나 허탈했습니다. 내게 심사위원 의뢰까지 왔으니 국전과의 인연은 질겼나 봅니다. 나의 경력란에 이가 빠진 듯 허한 부분이 있었습니다. 바로 국전 경력입니다. 어쩐 일인지 최근에는 서예를 오래 한 사람치고 초대작가가 아닌 사람을 찾아보기 어려운데 나는 그 부분을

비워 두어야 했습니다. 기뻤다는 것은 그 자리를 매울 수 있었기 때문입니다. 실제로 경력란에 대한민국 미술대전 초대작가라고 쓰기도 하였습니다. 그러다가 '이거 뭐 하는 짓인가'라는 생각이 들었습니다. 최근에는 경력에 초대작가라는 말을 쓰지 않습니다.

  나는 여전히 내가 추구하는 방식으로 작품을 만듭니다. 서각과 민화와 서예를 조합하여 작품을 만듭니다. 그러면서도 가슴 속에서 버리지 않는 신념이라면 나는 서예 작가이다, 서예가 나의 본령이다, 라는 것입니다. 서각으로 국전에서 최우수상을 받은 이후로도 작품 경향이 바뀐 것은 없습니다. 다양한 실험을 하고는 있지만 나의 작품 세계라고 생각하고 있는 범주에서 크게 벗어난 일이 없습니다. 담미헌을 찾아오는 회원들과 여전히 붓을 쥐고 서예를 하고 있습니다.

  전시회를 할 때마다 전통서예 작품 몇 점을 거는 것도 잊지 않고 있습니다. 간혹 내 작품 앞에 서서 글씨도 잘 쓰네, 라는 말을 하는 이도 있었습니다. 아마도 나를 서예가 아닌 민화나 서각 장르의 작가로 생각하였나 봅니다. 서각 작품으로 국전과 인연을 맺었지만, 서각도 관습 내지 전통에서 크게 벗어나지 못하고 있었습니다. 민화와 서각을 조합한 내 작품이 새로웠을 테고, 최우수상을 수여했을 것입니다. 서예도 전통인 사승관계 등의 엄격한 틀에서 풀어주어야 작가들이 자신의 세계를 펼칠 수 있다고 생각합니다.

이런 저런 생각들

　가나아트센터 전시회를 준비하느라 정신없이 시간을 보내고, 전시회를 끝내고는 1년여를 쉬었습니다. 조금 허탈한 기분으로 시간을 보냈습니다. 시간이 흐르면서 나의 전시회가 열정을 쏟아부은 만큼 성과를 얻지 못했다 싶었고, 결과에 섭섭한 마음이었습니다. 도록을 꺼내놓고 점검을 해보니 마음에 들지 않았습니다. 전시회를 하고 난 뒤에는 항상 이런 아쉬움이 있었습니다. 그러나 가나아트 전시회는 이전 전시회와 조금 달랐습니다. 나의 작품 세계를 전부 보여주겠다는 너무 큰 꿈을 가지고 전시회를 하였던 것입니다. 꿈이 너무 크다 보니 실망도 컸습니다. 이번 전시회에는 어깨에 힘이 너무 들어갔나 봅니다.
　나는 서예의 길에 들어선 후 새로운 서예, 대중성이 있는 서예 작품을 만들려고 하였습니다. 한국 서예는 전통적인 작품 세계에서 벗어나지 않았습니다. 내가 이런 생각을 하게 된 것은 단순히 혼자의 머리로 짜낸 생각은 아니었습니다. 한국 서예계가 중국, 일본과 문을 열고 교류하면서 우리 서예계도 변화가 오리라 전망하였던 것입니다. 한국 서예계에 중국과 일본의 영향으로 변화의 조짐이 나타나려는 기미가 보였습니다. 더 많은 서예인이 변화의 물결에 동참해야 가능한데, 나 혼자만이라도 새로운 서예를 펼쳐보려 하였습니다. 그러나 힘이 모자랐습니다.

서예가 예술이라고 주장하지만 서예의 근대 역사를 보면 예술에서 한 자리를 차지하고 있다고 보기 어렵습니다. 일제강점기를 거치면서 일본 서예의 영향을 많이 받았습니다. 그렇다면 일본은 어떠하였을까요? 명치 14년에 '내국권업박람회'를 개최하면서 서예를 예술의 영역에 포함했습니다. 그러나 서예는 예술이 아니다, 라는 거센 반발이 있었습니다. 서예의 예술 여부를 두고 뜨거운 논쟁이 있었음을 기억해야 합니다. 더군다나 일본 미전에서는 서書를 제외했습니다.

그러나 조선 미전에서는 1회에서 10회까지는 서書가 한 장르를 차지하고 있습니다. 그러다 서예의 예술 여부에 대한 논쟁과 반대가 있자 1932년을 마지막으로 조선 미전에서 서부書部가 빠졌습니다. 일본에서는 서예를 예술이 아닌 정신 수양의 방법으로 생각하고 서도書道라고 개념 정리를 하였습니다. 광복이 되자 한국 서예계는 재빠르게 서도를 서예書藝로 명칭을 바꾸고 국전의 한 장르로 편입시켰습니다. 그리고 지금까지 이어지고 있습니다. 중국이나 일본은 서書를 예술로 보기보다는 문자로

장진주 초서 / 이백 _ 한지, 먹 _ 33*60cm

장진주 죽간 / 이백시 _ 한지, 먹 _ 33*60cm

봅니다. 중국은 명칭도 서법書法이라고 하여 문자로 다룹니다. 대만도 서를 국어과에 포함시켜서 문자의 의미로 다루고 있습니다. 한국만 예술 장르로 보니 독특하다고 하겠습니다.

광복 이후 한국 서예계는 국전을 중심으로 문화 권력을 형성하여 서로 권력을 차지하려 싸움질만 하였습니다. 서예의 미술화에 대해서는 어떠한 노력도 하지 않았다는 것이 나의 생각입니다. 나는 서예의 미술화에 작은 노력이나마 보탰다고 자부합니다. 그 힘이 너무 미약하여 서예계의 변화를 이끌어내지는 못했습니다. 기존 권력이 너무 단단하여 권력에 대항하기가 힘겹습니다. 그렇더라도 조금 더 노력하고, 서예인이 한 명, 두 명 동참한다면 기존의 권력을 허물 수 있을 것입니다.

나비의 작은 날갯짓이 폭풍을 몰아올 수 있다는 믿음을 저버리지 않고 있습니다. 지금 당장은 미술이라기에는 모자람이 있지만, 서예를 미술의 영역으로 가져올 수 있는 방법을 찾을 수 있을 것입니다. 내 생각에 동참하는 사람이 더 많아져서 언젠가는 날갯짓이 아닌 바람이 될 날이 오리라 믿습니다. 실망은 새로운 욕망을 만든다고 하였습니다. 실망하면서 다음에는, 라는 기대와 다짐을 하였습니다. 어려울지도 모르겠지만, 다음 전시회에는 좀 나아지겠지, 라는 꿈을 버리지 않고 있습니다.

서예보다 내 인생이 더 소중하다

　영국의 유명한 소설가는 이렇게 말했습니다. "예술이 인생에 봉사해야지 어떻게 인생이 예술에 봉사해야 하느냐." 서예 인생사를 정리하면서 보니 내 인생이 서예 속에 묻혀버린 것은 아닌가 하는 생각이 들었습니다. 내 글을 읽는 분들도 그렇게 생각할까 두렵습니다. 짧지 않은 세월 동안 내 인생을 차곡차곡 쌓아온 것이 서예만을 위한 삶은 절대로 아니었습니다. 서예는 내 인생을 더 풍요롭게 해주었다고 생각합니다.
　결혼을 하여 한옥 단칸방에서 신혼생활을 꾸렸습니다. 부엌은 한옥 처마와 담장을 슬레이트로 연결하여 달아낸 비좁은 공간이었습니다. 연탄을 땔 때는 부엌은 머리가 지끈거리도록 탁한 냄새가 피어올랐습니다. 방이 비좁아 혼수 가구를 들일 수도 없었고, 작은 밥상은 남편의 책상을 겸하

탄금성彈琴聲 _ 한지, 은행나무, 먹, 채색 _ 46*79cm

였습니다. 서예 인생사가 아닌 나의 인생사를 쓰려고 하니 불현듯 그때의 생각이 납니다.

  남편의 직장을 따라 안동으로 구미로 이사를 다니는 동안에 아들 둘, 딸 하나 세 자녀를 낳아서 키웠습니다. 아이들이 초등학교에 다닐 즈음에 집도 마련하였고, 생활에 여유가 생겼습니다. 그림에 대한 미련이 남아 서예를 시작했습니다. 돌이켜 보면 그때가 눈코 뜰 새 없이 바빴던 것 같습니다. 얼마 전에 딸이 "엄마, 그때 도시락을 몇 개나 쌌어?"라고 물었습니다. 꼽아보니 매일 아침마다 여섯 개의 도시락을 쌌습니다. 그래도 서예 때문에 살림살이나 아이들 뒷바라지를 소홀히 한 일은 없었습니다. 가정일이 바쁠 때는 서예를 거르는 일은 있어도, 서예 때문에 주부 역할을 접었던 적은 없었습니다. 내 인생은 가족과 함께 가정을 꾸린 일이 우선이었지 서예가 내 인생의 전부는 아니었습니다.

딸이 이런 말도 했습니다. "엄마가 붓글씨를 쓸 때 엄마 밥 줘 하면, 조금만 기다려, 조금만 기다려, 라고 했어." 딸이 그런 기억을 가지고 있으니 내가 그랬나 봅니다. 곱게 기다려 준 우리 아이들이 고마울 따름입니다. 내 인생에서 언제나 가족이 중심에 있었고, 서예 때문에 가족에게 소홀히 하지는 않았다고 생각합니다. 가족 모두가 나의 서예 활동을 인정해주고 도와주었던 일들이 고맙고, 고맙습니다. 남편은 취미로 미술사를 공부하였습니다. 미술사에는 서예사도 포함되어 있어서 남편과 서예에 관한 많은 이야기를 나누었습니다. 아침 산책을 하면서 남편은 미술사 이야기를 많이 하였습니다. 내가 서예를 하면서 공부한 것도 있었고, 서예 선생님들에게 들은 것도 있어서 서로 대화를 나눌 수 있었습니다. 남편에게 들은 서양미술사나 중국미술사는 많은 공부가 되었습니다.

인간은 생업이 중요하지만 취미생활을 하는 것이 인생을 풍요롭게 해주고 노후를 즐겁게 보낼 수 있는 준비라고 남편은 늘 강조하였습니다. 서예는 내 인생을 더 풍요롭게 해준 윤활유였다고 생각합니다. 가정사의 책임에서 어느 정도 벗어나는 노후에 서예는 삶을 풍족하게 해줍니다. 이렇게 본다면 내 인생이 서예를 위해서 희생한 것은 아닙니다. 가족은 내 삶의 중심에 있었습니다. 아이들도 잘 성장하여 사회인으로 자리

잡아 자부심을 느낍니다. 만약 아이들이 잘 자라지 못하였다면 자책감에 빠질 수도 있었을지 모릅니다. 이제는 아이들도 성인이 되어 가정을 꾸려서 곁을 떠나갔습니다. 아이들이 험한 바람이 몰아치는 사회에서 터를 잡고 잘 살아가는 것이 자랑스럽고 고맙습니다.

아이들은 미술 분야에는 별 관심이 없어 다른 분야에서 일하고 있습니다. 미술이나 서예에 관심 없는 것도 아이들의 선택이라 존중합니다. 아이들이 직업인으로 사회에 기여하고, 가정을 꾸리고 잘 살아가는 것도 내 인생의 자부심입니다. 전시회 할 때 남편이 적극 거들어주고, 아이들이 모두 와서 축하해 줄 때가 가장 흐뭇합니다.

훌쩍 자란 손자 손녀들이 오면 할머니 서실인 담미헌에 가자고 조르곤 합니다. 담미헌에 오면 조막손으로 붓을 쥐고 화선지 앞에 앉아 있는 모습이 귀엽기 짝이 없습니다. 내 인생이 만들어 낸 한 폭의 아름다운 작품으로 느껴집니다. 손녀는 미술을 전공하겠다면서 미술학원을 열심히 다니고 있습니다. 수많은 서예 작품보다 내 인생이 만들어 낸 가족이란 작품이 어떤 작품보다 훌륭한 작품이라고 생각합니다.

도록 전시회

　벽에 걸린 새 달력을 보니 2020이라는 글자가 유난히 또렷하게 다가왔습니다. 나의 서예 인생을 돌이켜 보았습니다. 마지막 개인전을 가진 지가 5년이나 되었습니다. 그동안 담미헌에 나와 열심히 글씨도 쓰고, 서각 모임에 나가서 각도 열심히 하였습니다. 담미헌에서 만든 작품들도 차곡차곡 쌓였습니다. 5년간 만든 작품을 수시로 꺼내 보았습니다. 전시회를 의식하지 않고 마음 내키는 대로 만든 작품들이었습니다. 서예 작품도, 내 나름으로 그린 민화 형식의 그림도, 그리고 서각 작품도 창고에 많이 쌓여 있었습니다.

　작품을 보니 금년에는 조용하게나마 전시회를 해보고 싶었습니다. 남편에게도 슬쩍 전시회 언질을 해보았더니 찬성하였습니다. 남편의 평소

신념이 작가는 작품으로 말을 해야 한다는 것입니다. 남편도 수필을 쓰고 있습니다. 조용히 글을 쓰고 수필집을 여러 권 냈지만, 문단에서 유명 인사는 아닙니다. 어쩌면 문단에 이름을 알리기보다 꾸준히 글만 써온 자신을 위로하는 말인지도 모르겠습니다.

대부분의 서예가들이 하는 작품 양식과는 다른 작품을 하고 있으니까 약간 소외된 기분인 것도 사실이었습니다. 그럴 때는 혼자서 위안하는 말이 '작가는 작품으로 말해야 한다'입니다. 그러고 보니 서예가라고 나서지 않고 보낸 세월이 5년이나 되었습니다. 금년에는 전시회를 하자, 대구에서 조용히 전시회를 하자, 라고 마음먹었습니다. 대구 봉산문화회관을 섭외하여 전시 날짜를 5월 중순으로 잡았습니다.

창고에 둔 작품들을 꺼내어 살펴보았습니다. 나의 작품은 서예, 민화풍 그림, 서각의 조합입니다. 작품을 만들기 위해 조합하여 마지막으로 뒷손을 봅니다. 이번 전시회에 나갈 작품은 대부분 소품이었습니다. 가나아트 전시회처럼 나를 보여주겠다는 욕심도 버렸습니다. 담미헌에서 평소 연습하듯이 또는 특별한 의도를 가지고 만들지 않았던 작품들을 조합하였습니다. 도록을 만들기 위해 작품 사진도 찍었습니다. 서각 때문에 작품은 무게가 나가고, 표구점에서도 서예보다 손이 더 많이 간다고 하였습니다. 어쨌거나 작품 준비도 끝이 났고, 도록도 만들어졌습니다.

2월부터 대구에서 코로나19라는 듣도 보도 못한 사태가 발생했습니다. 방송에서 큰일이 났다면서 떠들었고, 그 진원지가 대구라면서 잔뜩 겁을 주었습니다. 담미헌으로 가는 길목에 있는 우체국 앞에 사람들이

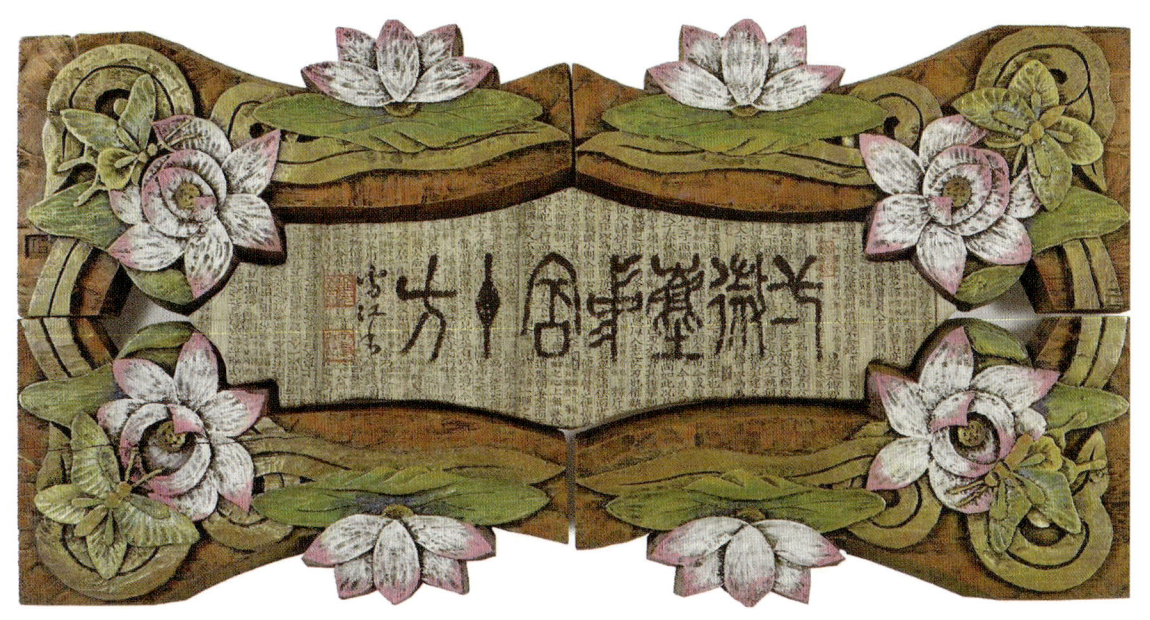

일미진중합십방─微塵中合十方 _ 고지, 먹, 소나무, 채색 _ 48*90cm

  수백 미터 줄을 서 있었습니다. 마스크를 사려고 그런다 하였습니다. 아마 2월이든가 3월이든가 그즈음이었습니다. 5월이 전시회이니까 그때는 진정되리라고 생각하였습니다.

  시간이 지날수록 코로나는 대구를 공포로 몰아넣었습니다. 봉산문화회관에서도 전시회를 취소하는 것이 어떠냐는 전화가 왔습니다. 후반기로 미루면 어떻겠느냐고 하였더니 후반기에는 아예 전시회 계획이 없다고 하였습니다. 강행할 것인가, 취소할 것인가를 두고 깊은 고민에 빠졌습니다. 5월 중순 경으로 잡았던 전시회 날짜는 다가오고, 도록에도 그

날에 전시회를 한다고 명기해 두었습니다. 이러지도 못하고 저러지도 못하고 초조하게 시간을 보냈습니다.

   5월이 다가왔습니다. 전시회를 강행할 것인가, 취소할 것인가 결정을 내려야 했습니다. 신문과 방송은 겁을 더 많이 주었습니다. 머리를 짜내다가 어떤 분이 지나가는 말처럼 도록만으로 전시회를 하지, 하는 말이 떠올랐습니다. 도록 전시회라니, 처음 듣는 말이지만 그분의 말에 솔깃했습니다.

   "솔직히 말해서 전시회를 가져본들 지인들만 찾아와서 축하해주는 것이 고작 아닙니까. 인사치레로 전시회장을 찾는 분이 작품에 관심을 가진 분은 많지 않습니다. 주마간산처럼 작품을 휙 둘러보는 것이 고작 아닙니까. 그럴 바에야 도록을 보내드리면 알록달록한 도록은 들여다본다고요."

   그 말이 맞을 듯했습니다. 전시회 경비를 도록 제작에 쏟아붓기로 했습니다. 도록을 많이 찍어 지인들에게 우송하고, 작품 전시는 담미헌에 나누어 하기로 하였습니다. 전시 공간의 제약이 없으니 도록을 보고 마음이 당기면 언제든 담미헌에 들러 작품을 봐도 된다고 하였습니다. 실제로 도록을 보고 흥미가 생겨서 찾아왔다는 사람도 있었습니다. 서울이나 전라도 등 타지에 사는 이들도 도록을 보내달라고 요청하여 우송해드렸습니다. 그렇게 6월을 보냈고, 7월도 보냈습니다. 나중에 만난 분들이 물론 인사말이겠지만, 도록 전시회가 오히려 작품에 눈이 오래 머물도록 했다고 말하였습니다.

정태수 선생님이 도록 전시회 소개 글을 써 주었습니다. 여러 장르를 융합하여 새로운 장르의 작품을 만들었다면서, '융합의 미학'으로 새로운 길을 열었다, 라고 평가하였습니다. 그런 생각을 하면서 작품을 만든 것은 아니지만, 먹색 일변도의 작품에 색을 넣는 방법을 모색하다가 태어난 것은 맞습니다. 비록 '이발소 미술'일지라도 관객의 마음을 움직일 수 있는 통속적인 그림을 선택하였습니다. 가나아트 전시회처럼 먹으로 나를 드러내려 하지 않았습니다. 그러나 서예 글씨가 내 작품의 많은 부분을 차지한 것은 분명합니다.

나에게 주어진 세월을 허송하지 않겠다는 마음으로 작품을 만들었습니다. 전시회를 마감하였지만 세월은 마감하지 않고 여전히 오고 있었습니다. 그 세월이 나의 과거를 만들면서 흘러갔습니다. 2020년 6월 전시회도 흘러가서 과거가 되었지만, 앞으로 찾아올 미래도 줄 서서 오고 있다는 생각입니다. 그렇다면 미래를 맞이할 준비를 또 해야 할 것 같습니다. 길은 하나입니다. 담미헌에 나가서 또 작품을 만들면서 미래의 시간을 맞이하겠습니다. 전시회를 더 할 수 있을지 자신은 없습니다만, 그런 기분으로 담미헌에 나가겠습니다.

.

사찰 주련을 만들다

앞에서 서각 전시장에 들려 서각 작품의 형상미에 충격을 받았다는 얘기를 했습니다. 나는 그때 전통 서예가 서법의 법칙성을 너무 강조하다 보니 조형미라는 형태의 미를 만드는 데 소홀하다는 생각을 했습니다. 현대 서예 쪽에서 출구를 찾을 수 있을까 하여 기웃거리고 있었습니다.

서각의 형태미는 서예에서 매너리즘에 빠져있는 나에게 하나의 출구이자 빛처럼 보였습니다. 서각을 가르치는 곳을 찾아다녔고 서각 교실도 스승과 제자의 관계는 우리의 전통예술이 공통적으로 맺고 있는 사승관계로 이어져 있었습니다. 어쩌면 그 관계는 서예보다 더 질겨 보였습니다. 그런 사제 관계를 부정적으로 바라보았던 나는 서각에서는 관계 맺기에 나름 조심했습니다. 그러던 중에 서각 동호인이 모여서 공동의 작업장을 열고 함께 공부도 하고, 작업도 하자고 하여 나는 기꺼이 참여하게 되었습니다. 서각이 예술의 장르로 출발한 지가 오래지 않아서인지 이곳에서는 스승도, 제자도 없이 서로가 가르치고, 또 배우는 관계라 매우 만족했습니다. 솔직히 말하자면 처음으로 서각을 배우러 갔던 곳보다 더 많은 것을 배우며 더 많은 실험작품도 만들었습니다.

나는 내가 '서예인이다'라는 의식에서 벗어나 본 일은 한 번도 없었습니다. 대학원에서 김양동 교수님을 모시고 현대 서예라는 것을 만났을 때 신선함을 느꼈고 새로운 방법으로 민화와 조합하여 작품을 만드는 일을 해왔습니다. 서각을 알고부터는 나의 작품에 끌어들이는 방법을 고민하였고 이를 전통 서예인들은 낯설어했습니다. 나는 서예가라고 믿고 있지만 서예에 민화와 서각까지 조합하였으니 어느 장르로 분류해야 할지를 어려웠습니다.

민화와 서각은 미술의 장르에서 공예로 분류되었고, 국전의 공예전에 출품해보라는 권유가 마음이 움직였습니다. 민화나, 서각을 조합한 작품을 만들어 출품했습니다. 나는 이것을 '김영자 양식'이라 하여 자부심을 가졌고 대한민국 미술대전 '최우수상'은 이러한 자부심을 더욱 굳건하게 했습니다. 다른 장르와 조합한 작품이 신선하다, 작품으로도 잘 형상화했다는 호평을 받았습니다.

이후로도 나는 동호인의 서각 작업실에 나가는 일을 게을리하지 않았습니다. 서각 작업실에서는 서각만 하고 내가 김영자 양식이라고 이름 붙인 작품은 담미헌에 돌아와서 만듭니다.

의성 "용연사" 주련

지인 한 분이 문중 제실의 현판을 주문했습니다. 나무도 제공하고 글씨도 써서 가져와 판각만 해달라고 했습니다. 그러나 어떤 색을 입힐 것인지, 글자의 배경은 어떻게 마무리할 것인지는 온전히 나의 몫이었습니다. 서각 장인과 어떻게 다른지는 헷갈렸지만 돈을 받고 하는 나의 첫 작업이라서 뿌듯함을 느꼈습니다.

곧이어, 여승 두 분이 주재하는 조그만 사찰에서 주련을 만들어 달라는 주문이 들어왔습니다. 지난날 남편과 절집을 여기저기 돌아다니면서 주련에 관심을 가지고 살펴보고 있었고 주문을 받고 나서 일부러 절집을 찾아다니며 주련을 둘러보았습니다. 글자의 형태며, 주련의 크기, 어떤 형식으로 만들어졌는지 등 꼼꼼히 살펴보고 어떻게 만들지 고심했습니다. 자서자각自書自刻의 서각 작품으로서는 첫 주문을 받은 첫 작품이라 신경 쓰며 작업을 했습니다.

서예를 40년이나 하면서, 나이가 들며 창작 의욕이 떨어지고, 기능도 예전 같지 못할까 봐 두렵기도 합니다. 하지만 지금의 당장은 아닙니다. 지금도 작업실인 담미헌을 거의 날마다 찾아가고 있습니다. 그러나 같은 작업만 반복하면 자기의 일이 마냥 즐겁다고 할 수 있을까요. 때로는 새로움을 찾아 나서는 일이 나에게 생기를 불어넣는다고 생각합니다. 그래서 절집을 찾아다니는 일은 산길도 걸어야 하므로 힘들기는 하지만, 마음만은 즐거웠습니다. 주련 만드는 일이 끝나면 또 다른 작업 거리가 생겼으면 좋겠습니다.

세월이 온다

   2015년에 가나아트센터에서 전시회를 가진 후에 담미헌에서 조용히 시간을 보내고 있었습니다. 2020년에는 코로나19로 작품 전시회 대신 도록 전시회라는 것을 하였습니다. 앞으로 언제 전시회를 할지 기약할 수가 없습니다. 내 삶은 대부분 서예와 함께한 세월이었습니다. 남은 세월은 지난 세월에 비하면 짧습니다. 담미헌에서 지난 전시회를 되짚어보면 부끄러울 정도로 불만이 많았습니다. 많은 준비를 하였지만 욕심을 부리다 보니 평소 내 실력보다 못했다는 생각이 지워지지 않았습니다. 서단의 평가에 불만도 있었고, 좀 더 준비한 후에 전시회를 할 걸, 하는 후회도 있었습니다.

   전시회를 끝내고 담미헌에서 몸과 마음을 쉬고 있으니 긴장이 풀어졌습니다. 예전부터 해오던 작업을 하면서 어영부영 시간을 보냈습니다. 담미헌에는 여전히 서예 공부를 함께 하는 사람들이 와서 글씨를 썼습니다. 나는 나대로 서예 글씨도 쓰고, 동호인의 서각 작업실에도 나가는 것이 일상입니다. 그리고 평소 안면을 트고 지내는 서예인들과 교류하면서 세월을 보내고 있습니다.

이제는 정성을 들여 대작을 만드는 대신에 마음이 이끄는 대로 소품을 만듭니다. 신기하게도 이런 작품이 더 마음에 들었습니다. 수십 년을 계속해온 나의 서예 생활이 머릿속을 떠나지 않았습니다. 흘러가 버린 시간이 아깝기도 하고, 그때 이렇게 해 보았으면, 하는 미련이 나를 자꾸 과거의 시간 속으로 데려갔습니다. 그 세월을 따라가 본들 내게 남는 것이 무엇이겠습니까. 미련과 후회만이 남는데도 가버린 세월에 미련을 두고 있었습니다. 가나아트센터 전시회가 만족스러웠다면 후회나 미련을 가지지 않았을 것입니다.

그러는 사이에 2, 3년의 세월이 훌쩍 지나가 버렸습니다. 이때 색다른 경험도 하였습니다. 서예과 대학원을 다니면서 혹은 졸업하고 만난 사람은 대부분 대구의 서예 단체에 관여하는 이들이었습니다. 서예 공모전에 입·특선하여 꽤나 이름이 알려진 사람도 많았습니다. 아흔을 바라보는 원로 서예인도 몇 분 만났습니다. 서예계에서 5, 60년 동안 활동을 했다는데 서로 얼굴을 몰랐습니다. 대구에서 활발하게 활동하는 서예가도 잘 몰랐습니다. 이름을 들어본 듯도 하네요, 라는 정도였습니다.

내 눈에 비친 그들의 글씨는 내가 배운 글씨와는 다른, 흔히 '서당글씨'

라고 폄하하던 글씨에 가까웠습니다. 평생 조용히 서예 글씨만 썼다는 또 다른 원로도 만났습니다. 그분은 자신의 글씨에 굉장한 자부심을 가지고 있었습니다. 그분의 연구실에 걸려 있는 대작 서예 작품에 대하여 일일이 설명해 주었습니다. 글자에 대한 해석이 아니라 작품으로 쓴 문장에 대한 설명이었습니다. 자신의 인생사와 결부시켜서 진지하게 설명을 해주었습니다. 글씨의 법첩을 따라가던 내 눈은 어느 사이에 그분의 문장 해석과 인생에 귀를 집중했습니다. 서예와 인생이 하나가 되었다는 느낌이었습니다.

옛 선비들이 서예를 통해 도달하고자 했던 지점이 이런 경지가 아니었을까 싶습니다. 수십 년 서예 세계 속에서 내 인생과 작품을 결합시키려 애쓰며 보낸 세월이 떠올랐습니다. 내가 서예 단체 회장이나 유명 서예인을 들먹이면서 그들을 아느냐고 물으니 이렇게 말했습니다. "서예계, 난

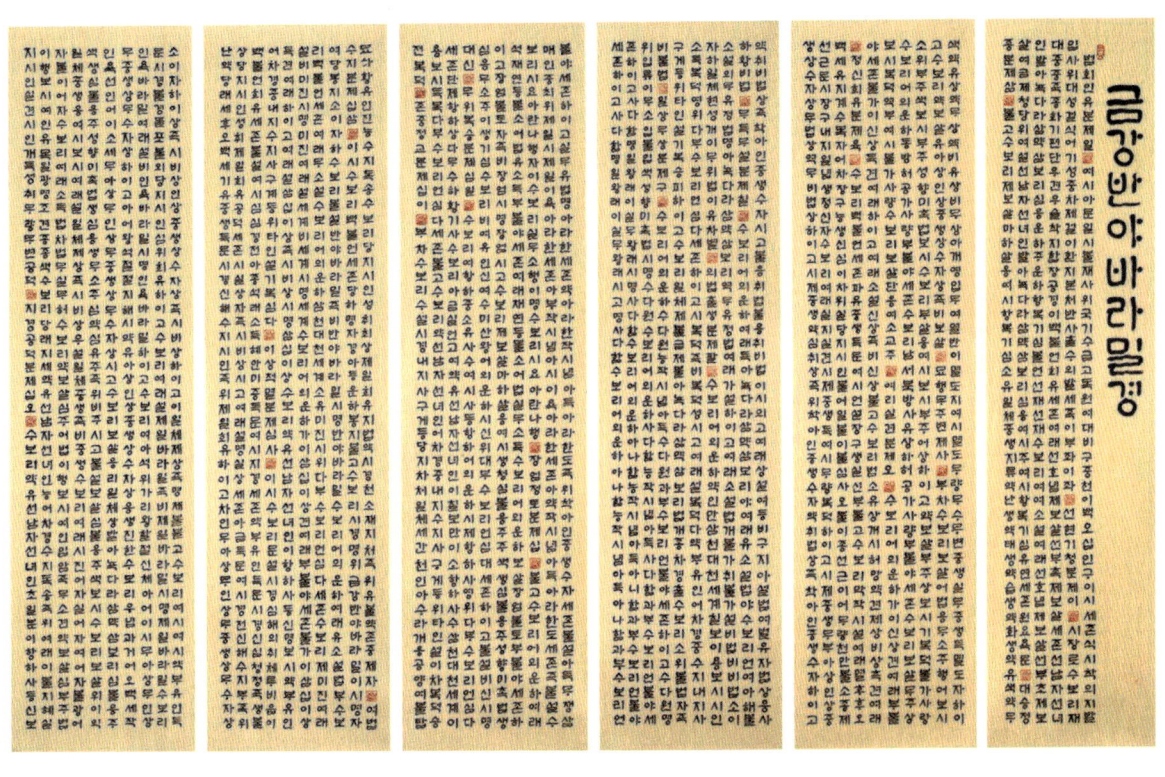

금강경_한지, 먹_ 135*35cm

그런 건 몰라. 난 내 마음을 추스르기 위해서 붓을 잡아."그분의 대답 앞에 숙연해졌습니다. 간혹 국전에서 입·특선을 한 작품집을 봅니다. 잘 쓴 글씨는 분명한데, 이 글씨나 저 글씨나 특색이 보이지 않으니 별다른 감동을 느끼지 못합니다. 원로 서예가의 작품이 더 감동을 주었습니다. 글씨에는 그 분의 인생이 그대로 녹아있었기 때문입니다.

'잘 쓴 글씨와 감동을 주는 글씨' 오랫동안 내 머리를 떠나지 않는 화두였습니다. 담미헌에서 조용한 시간을 보내면서 욕심 없이 만든 작품이 가나아트에서 전시하였던 작품보다 더 내 마음을 끌었습니다. 이제야 어떤 작품이 예술작품인지, 감동을 주는지를 어렴풋이 알 것 같습니다. 지난 전시회가 불만이었기에 좀 더 잘 만든 작품으로 전시회를 하고 싶은 욕망이 남아 있습니다. 나이가 들어도 여전히 내일은 다가올 것이고, 나의 욕망을 채우기 위해서 세월을 기꺼이 맞이할 것입니다. 감동을 주는 멋진 작품을 만들겠다는 기대를 하면서 오는 세월을 맞이하겠습니다.